Venta de productos a través de medios interactivos o digitales: documentación. COMT121PO

Héctor Mendal Escario

ic editorial

Venta de productos a través de medios interactivoso digitales: documentación. COMT121PO
© Héctor Mendal Escario

1ª Edición

© IC Editorial, 2024

Editado por: IC Editorial
c/ Cueva de Viera, 2, Local 3
Centro Negocios CADI
29200 Antequera (Málaga)
Teléfono: 952 70 60 04
Fax: 952 84 55 03
Correo electrónico: iceditorial@iceditorial.com
Internet: www.iceditorial.com

ISBN: 978-84-1184-329-4
Depósito Legal: MA 1995-2024

Impresión: PODiPrint
Impreso en Andalucía – España

Nota de la editorial: IC Editorial pertenece a Innovación y Cualificación S. L.

Especialidad formativa

Se entiende por especialidad formativa la agrupación de contenidos, competencias profesionales y especificaciones técnicas que responde a un conjunto de actividades de trabajo enmarcadas en una fase del proceso de producción y con funciones afines.

Las especialidades formativas de Uso General, Formación Complementaria, Formación Modular y las especialidades formativas dirigidas a la obtención de certificados de profesionalidad se incluyen en el Fichero de Especialidades del Servicio Público de Empleo Estatal para su gestión en todo el territorio nacional por cualquier Administración competente.

Las especialidades complementarias, pertenecen todas a la Familia profesional de Formación Complementaria (FCO) y tienen la consideración de formación transversal en áreas que se consideran prioritarias tanto en el marco de la Estrategia Europea para el Empleo y del Sistema Nacional de Empleo como en las directrices establecidas por la Unión Europea. Se consideran áreas prioritarias las relativas a tecnologías de la información y la comunicación, la prevención de riesgos laborales, la sensibilización en medio ambiente, la promoción de la igualdad, la orientación profesional y aquellas otras que se establezcan por la Administración competente.

Las especialidades de Certificado de profesionalidad tienen una duración especificada en su normativa reguladora.

En el resultado de la búsqueda, se muestran las unidades de competencia, todos los módulos formativos con su duración y las unidades formativas del certificado correspondiente, con su duración. Las horas del certificado, exclusivo de las especialidades de certificado de profesionalidad, con alta igual o superior a 2008, son las horas totales más las horas del módulo de Prácticas Profesionales no Laborales.

- ◗ **Si la especialidad tiene unidades formativas,** las horas totales, presencial, distancia, teleformación serán igual a la suma de esas horas de las unidades formativas de los distintos módulos, sin que se repita ninguna Unidad formativa.

➲ **Si la especialidad no tiene unidades formativas,** las horas totales, presencial, distancia, teleformación serán igual a las sumas de esas horas de los módulos formativos, eliminando las horas de los módulos repetidos.

https://sede.sepe.gob.es/especialidadesformativas/RXBuscadorEFRED/BusquedaEspecialidades.do

(Fuente: Servicio Público de Empleo Estatal)

Índice

OBJETIVOS GENERALES

Los objetivos generales del **COMT121PO. Venta de productos a través de medios interactivos o digitales: documentación,** son los siguientes:

- ⮞ Identificar y aplicar procedimientos para la emisión y gestión de la documentación comercial relacionada con las actividades de comercio electrónico.
- ⮞ Descubrir los fundamentos básicos del comercio electrónico mediante el teléfono y diversas plataformas y canales digitales, y aprovecharlos para potenciar las ventas de una empresa.
- ⮞ Descubrir qué normativas y reglamentos se aplican en España al comercio electrónico.
- ⮞ Identificar el tipo de contratos que pueden aplicarse en un negocio de comercio electrónico y las características de la normativa que regula esta actividad.
- ⮞ Adquirir conocimientos básicos sobre los principales procesos administrativos de facturación que se desarrollan en un comercio electrónico.
- ⮞ Adquirir conocimientos sobre los principales sistemas informáticos para la facturación y emisión de documentación comercial.
- ⮞ Conocer los principales sistemas de información que pueden utilizarse en la venta de productos a través de medios interactivos o digitales y cuáles son sus características principales.

Conceptos generales de comercio electrónico

Contenido

Objetivos

El objetivo general de esta Unidad de Aprendizaje es:

→ Descubrir los fundamentos básicos del comercio electrónico mediante el teléfono y diversas plataformas y canales digitales, y aprovecharlos para potenciar las ventas de una empresa.

Los objetivos específicos de esta Unidad de Aprendizaje son:

→ Decidir qué canales son los más adecuados para potenciar el comercio electrónico de una empresa.

→ Concretar qué estrategias de comercio electrónico puede desarrollar una empresa para potenciar sus ventas *online*.

1. Introducción

Desde hace más de dos décadas internet ha revolucionado el mundo del *marketing* en general y de la venta de productos en particular. Actualmente, las tiendas *online* van, poco a poco, comiéndoles terreno a las tiendas tradicionales. Cada día que pasa los consumidores optan más por utilizar diversas plataformas y herramientas para efectuar compras *online*.

Este hecho hace que las empresas que no quieran que sus cuentas de resultados disminuyan se vean, prácticamente, obligadas a tener presencia en el mundo *online*. Más allá de tener una simple página web, las empresas deben desarrollar toda una estrategia de venta de productos y/o servicios a través de medios interactivos o digitales.

Las empresas tienen ante sí un importante abanico de posibilidades para vender sus productos a través del comercio electrónico. Bien sea mediante el teléfono móvil, a través de canales o aplicaciones específicas, en medios sociales o mediante el correo electrónico, cualquier estrategia de venta a través de medios interactivos o digitales puede dar resultados si sabe realizarse correctamente y se dirige al público adecuado.

En esta unidad aprenderemos conceptos generales de comercio electrónico, centrándonos en el comercio electrónico a través del teléfono, plataformas o canales digitales, etc. También haremos una aproximación hacia el vasto mundo del comercio electrónico en líneas generales.

Nos basaremos, para todo ello, en el caso de Teresa's Shoes, una tienda tradicional de zapatos de Sevilla. Teresa, su dueña, ha decidido dar el salto al comercio electrónico y aspira a comenzar a vender sus exclusivos zapatos artesanales en todo el mundo gracias a las nuevas tecnologías.

2. Comercio electrónico a través del teléfono

 HILO CONDUCTOR

Teresa ha decidido dar un salto cualitativo en su negocio, Teresa's Shoes, y va a apostar fuerte por la venta de sus zapatos a través del comercio electrónico.

Continúa en página siguiente >>

<< Viene de página anterior

Quiere centrarse, especialmente, en la venta mediante la telefonía móvil. ¿Qué necesitará? ¿Será capaz de hacer que sus zapatos se vendan en cualquier parte del mundo únicamente a través del teléfono móvil?

El comercio mediante la telefonía móvil, también denominado *mobile commerce,* es una técnica de comercio electrónico que se realiza únicamente mediante teléfonos móviles, fundamentalmente *smartphones* o tabletas.

En esta tipología de comercio electrónico los consumidores compran bienes y servicios utilizando como canal de contratación internet. De hecho, es en la red de redes donde se realiza toda la operación de selección y pago de estos bienes y servicios, mediante dispositivos de telefonía móvil.

En los últimos años ha ido aumentando progresivamente el número de consumidores que utilizan teléfonos móviles con conexión a internet para realizar compras *online*. Y, en consecuencia, cada vez son más también las tiendas y empresas que facilitan la adquisición de sus productos o servicios a través del teléfono móvil.

El hecho de que el comercio electrónico a través del teléfono es una tendencia al alza y que irá ganando cuota de mercado en los próximos años se muestra en aspectos como que *Google,* el gigante de las búsquedas por internet, ha comenzado a priorizar en sus resultados de búsqueda aquellas páginas web que están totalmente habilitadas para ser utilizadas sin problemas en dispositivos móviles.

 SABÍAS QUE...

Más de 31,3 millones de españoles utilizan su teléfono móvil regularmente para navegar por internet.

El comercio a través del teléfono consta de varios componentes individuales:

- ➲ **Publicidad móvil:** este componente abarca las medidas publicitarias que utilice una empresa para vender un producto o servicio a través del teléfono móvil. Incluye acciones como el *marketing* por SMS, *banners*, publicidad segmentada para telefonía móvil, etc.

- **Pago por móvil:** acción de comercio electrónico que implica que la página web o aplicación en la que se efectúe la operación de compraventa admite el pago a través de *smartphones* o tabletas. Esto puede realizarse a través de medios de pago como, por ejemplo, *PayPal*, mediante servicios de banca móvil o a través de aplicaciones diseñadas por las propias empresas.

- **Reservas *online*:** a través de los dispositivos móviles, los consumidores pueden reservar servicios o productos, pero no tienen por qué pagarlos en ese momento.

- **Banca móvil:** la mayor parte de las entidades financieras permiten realizar transacciones bancarias a través de dispositivos móviles.

En la actualidad es muy variado el perfil del consumidor que utiliza el teléfono móvil para conectarse a internet y, en consecuencia, tiene la posibilidad de adquirir bienes o servicios.

NOTA

Según diversos informes, el retorno de la inversión de una estrategia de publicidad móvil se sitúa en un beneficio de entre el 10 y el 20 %.

2.1. La necesidad de tener webs *responsives*

Para que el comercio a través del teléfono móvil funcione correctamente, el consumidor únicamente debe disponer de una conexión a internet. Cuanto más estable y potente sea esta, más facilidades tendrá el potencial cliente para realizar sus búsquedas y acabar efectuando algún tipo de compra.

Al mismo tiempo, la infraestructura de las páginas web enfocadas al comercio electrónico ha de estar orientada a la utilización de la telefonía móvil. De hecho, la optimización de las páginas web para telefonía móvil es ya un aspecto imprescindible para el grueso de los motores de búsqueda, no solamente para *Google*. Es lo que se denomina tener una *web responsive*. Según la empresa de investigación de mercados Forrester Research, el 70 % de las empresas ya tienen al menos una página web totalmente *responsive*.

 **DEFINICIÓN**

Web responsive

Es aquella en la cual el diseño es capaz de adaptarse y visualizarse de una manera correcta en cualquier tipo de pantalla, independientemente de su tamaño: dispositivos móviles, ordenadores portátiles, ordenadores personales, pantallas de gran tamaño, etc.

Las tendencias en el sector del comercio a través del teléfono móvil apuntan a que en los próximos años serán muy pocos los usuarios que efectúen sus compras *online* en páginas webs en las que les cueste pulsar un botón porque la imagen sea muy pequeña, en las que tengan dificultades para introducir correctamente los datos de sus tarjetas bancarias, que no tengan formularios de contacto adaptados a las pantallas de los teléfonos móviles, etc.

Una página web responsive es aquella que se ve adecuadamente en pantallas de diversos tamaños y formatos.

 **EJEMPLO**

Google Maps es un claro ejemplo de diseño web *responsive*, puedes ver su página web desde cualquier dispositivo. Para comprobarlo accede desde aquí:

Continúa en página siguiente >>

<< Viene de página anterior

https://redirectoronline.com/comt121po0101

En este sentido es preciso destacar el papel que juegan, y jugarán, los diseñadores y programadores web. De ellos depende que las páginas web de las empresas sean totalmente *responsive*. Por ello, es importante que las empresas contraten los servicios de expertos en diseño web a la hora de acometer las reformas pertinentes en sus páginas web para convertirlas en webs totalmente *responsive*, o para diseñarlas desde el inicio de una manera adecuada.

 PARA SABER MÁS

Lee este breve artículo en el que se explica por qué es importante que la página web de cualquier empresa esté adaptada para ser utilizada correctamente en dispositivos de telefonía móvil, puedes hacerlo accediendo desde aquí:

https://redirectoronline.com/comt121po0102

2.2. Aplicaciones móviles en las estrategias de *mobile commerce*

No solamente las páginas web *responsive* tienen cada vez una importancia mayor en las estrategias de *mobile commerce* de las empresas. Cada vez son más las compañías que, además de adaptar sus páginas web a los dispositivos móviles, diseñan aplicaciones de venta que se pueden descargar a través de las tiendas virtuales de los fabricantes de teléfonos móviles, ya sean *App Store* o *Google Play*.

Este tipo de aplicaciones permite que los usuarios puedan acceder con una mayor facilidad a los productos y servicios que venden las empresas a través de internet, sin la necesidad de navegar por internet hasta dar con la página web de la empresa en cuestión. Eso sí, desarrollar adecuadamente una aplicación de estas características requiere, en líneas generales, de un trabajo técnico especializado.

 ## SABÍAS QUE...

España es el país con más número de teléfonos inteligentes por habitante del mundo: el 92 % de la población ya tiene, al menos, uno de estos dispositivos.

Una de las grandes ventajas de las aplicaciones móviles es que, si son suficientemente atractivas, los usuarios se las bajarán a su teléfono móvil y las mantendrán en la pantalla de inicio de dicho dispositivo. Esto hará que la marca esté siempre presente en el día a día del cliente, aumentando así las posibilidades de que este realice una nueva compra a través de dicha aplicación.

Las aplicaciones de telefonía móvil permiten a las empresas, y a los consumidores, acceder a múltiples recursos para realizar comercio electrónico.

Además, las aplicaciones de telefonía móvil son ideales para fidelizar con más facilidad a los diversos clientes, ya que pueden configurarse alertas, ofertas, premios, ofrecer al usuario contenido de valor, exclusividad, etc.

ACTIVIDAD COMPLEMENTARIA

1. A pesar de las múltiples posibilidades existentes, la inmensa mayoría de las empresas españolas no utilizan bien las herramientas y estrategias de *marketing* digital que tienen a su alcance. ¿Por qué crees que ocurre esto? Investiga las posibles causas.

- -

Además de desarrollar sus propias aplicaciones de telefonía móvil, las empresas también pueden utilizar diversas aplicaciones de comercio electrónico para potenciar su *marketing* a través de la telefonía móvil.

A continuación, veremos en qué consisten algunas de las más útiles que existen actualmente en el mercado:

⊃ **HubSpot Mobile:** se trata de una herramienta muy potente para monitorizar y gestionar las redes sociales de una empresa a través del teléfono móvil. También ofrece interesantes servicios de analítica web, lo que la convierte en una potente aliada para las acciones de *marketing mobile*. Además, también permite tener acceso al CRM —una aplicación para gestionar las relaciones con los clientes— de las empresas e incluye un chat en vivo con los clientes.

⊃ **WhatsApp Business:** es una versión para negocios, gratuita, de la famosa herramienta de mensajería instantánea *WhatsApp*. Permite que las empresas puedan interactuar rápida y fácilmente con sus clientes, automatizando, ordenando y respondiendo mensajes a gran velocidad.

● **Google Analytics:** la versión móvil de esta conocida herramienta de analítica web permite que los usuarios puedan hacer un seguimiento de las visitas a la página web de la empresa, medir con qué partes de su página web interactúan más los usuarios —hacen clic, envían algún dato de contacto, realizan una compra, etc.—. Es una herramienta muy útil para averiguar qué partes de una página web y qué tipo de estrategia de *marketing* digital es más rentable para una empresa.

● **Facebook:** además de ser la red social generalista más utilizada del mundo, *Facebook* es una buena red social para anunciar productos y servicios. Y es especialmente recomendable para impulsar la imagen de marca de una empresa. Además, da la opción a las empresas de vender sus productos y servicios creando su propia tienda *online* dentro de la plataforma, y en los últimos años ha crecido exponencialmente el volumen de negocio dentro de sus diversos *marketplaces.*

● **WordPress:** se trata del CMS más utilizado del mundo y permite a los usuarios utilizar sus teléfonos móviles para actualizar sus páginas webs con noticias de última hora, fotos, publicaciones en su blog corporativo, etc. Además, tiene su propio módulo de comercio electrónico, denominado *WooCommerce,* por lo que ya es una potente herramienta de venta *online* para muchas empresas.

● ***Shopify Mobile:*** permite que las empresas lleguen a sus clientes a través de una única plataforma, que sincroniza los pedidos que le lleguen a la empresa a través de la tienda física, la tienda *online* o incluso las redes sociales. Se pueden sincronizar pedidos, productos y clientes en todo tipo de canales de venta. Permite, además, realizar pagos, completar pedidos o gestionar el inventario de los productos que tenga la empresa en cuestión, así como rastrear ventas.

● ***Hootsuite:*** herramienta muy potente e intuitiva a través de la cual los usuarios pueden gestionar las redes sociales de su empresa mediante el teléfono móvil, obteniendo, además, valiosos informes estadísticos. Permite conocer todo lo que pasa en las redes sociales de una empresa en directo, facilitando las respuestas a los usuarios y la interacción con los clientes desde el propio teléfono móvil.

(© Fotografía: T. Schneider / Shutterstock.com Vía Web - CC BY-SA 3.0)

 **DEFINICIÓN**

Marketplace
Plataforma de distribución de productos y/o servicios a través de internet, ofrecidos por los diferentes *e-commerces* que participan en la misma. Es como un gran centro comercial, con múltiples tiendas en su interior... pero en versión *online.* El mayor *marketplace* del mundo es *Amazon.*

CMS
Aplicación informática a través de la cual se pueden administrar los contenidos de un sitio web: hacer el diseño, la estructura, crear los contenidos... y editarlos con posterioridad.

3. Comercio electrónico a través de plataformas y canales digitales

☞ HILO CONDUCTOR

En su novedosa apuesta por el *marketing* a través de internet, Teresa cree que su negocio puede tener cierto éxito en diversas plataformas y canales digitales de venta a distancia. ¿Cuáles podrían ser los más rentables para un negocio como Teresa's Shoes?

Cada vez son más los consumidores que hacen uso de plataformas de comercio electrónico para comprar productos o servicios a través de internet. Desde billetes de avión hasta ropa, calzado, entradas de espectáculos, electrodomésticos, libros, comida a domicilio... incluso hacer la compra semanal. Prácticamente, ya se puede comprar *online* casi de todo.

El comercio electrónico permite a los consumidores, y a las empresas, realizar transacciones económicas desde cualquier punto del planeta.

⊙ CONSEJO

Tener presencia en internet mediante una página web corporativa o estar presente en las principales redes sociales no es lo mismo que realizar una buena estrategia de *marketing* digital para impulsar las ventas a través de internet. Las empresas

Continúa en página siguiente >>

[25]

<< *Viene de página anterior*

que quieran potenciar su comercio electrónico mediante plataformas y canales digitales deben saber a ciencia cierta cuál es su nicho de mercado y, a partir de ahí, construir adecuadamente su estrategia de *marketing* y comunicación.

3.1. Canales digitales

Entendemos por canales digitales todas aquellas estrategias de *marketing* digital que estén encaminadas a conseguir que una empresa aumente sus ventas a través de internet. Principalmente, existen tres canales digitales:

| Posicionamiento web | E-mail marketing | Social media |

Posicionamiento web

Se trata de la estrategia de *marketing* digital que las empresas llevan a cabo en los principales buscadores de internet, es decir, en *Google, Bing o Yahoo!* Para posicionar adecuadamente la página web o la tienda *online* de una empresa en estos canales, se puede optar por dos vías diferenciadas: posicionamiento SEO —de forma orgánica— o SEM —de pago, a través de la publicidad—.

El posicionamiento SEO se refiere a las estrategias de *marketing online* encaminadas a atraer tráfico de calidad —potenciales clientes— a las tiendas *online* o páginas web corporativas. Es una estrategia adecuada para ser utilizada a medio y largo plazo, ya que habitualmente las empresas competirán aquí con cientos o miles de páginas webs —sus competidoras—.

El posicionamiento SEO se divide en dos subtipos:

○ **SEO *on page:*** en el SEO *on page* se trabaja la parte interna de la página web o tienda *online,* optimizándola de cara a los buscadores. Aquí es preciso escribir correctamente los títulos y las descripciones de cada apartado, desarrollar un contenido de calidad, enfocar las descripciones de los productos y las categorías al posicionamiento SEO, utilizar correctamente las palabras clave que se quieren posicionar, desarrollar adecuadamente la arquitectura de la página o tienda *online,* etc.

○ **SEO *off page:*** se trata de las acciones de posicionamiento SEO que se realizan fuera de la página web o tienda *online* en cuestión. Principalmente, consiste en establecer una red de enlaces externos lo más amplia y potente posible, consiguiendo que numerosas páginas webs —y de calidad— enlacen a la web o tienda *online* que se desea posicionar.

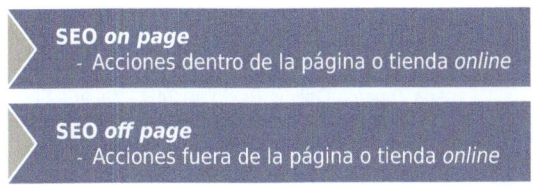

SEO *on page*
- Acciones dentro de la página o tienda *online*

SEO *off page*
- Acciones fuera de la página o tienda *online*

Con el paso del tiempo se ha demostrado que el posicionamiento SEO es una estrategia muy rentable a medio y largo plazo. Si diariamente se trabajan adecuadamente los contenidos de una tienda *online* o página web corporativa, si se detallan correctamente los metatítulos y las descripciones de los productos y se consigue posicionar adecuadamente el negocio con las palabras clave que mejor definan los productos y servicios que se venden a través de internet, la empresa en cuestión conseguirá atraer tráfico de calidad hacia su negocio *online* y, en consecuencia, aumentar sus ventas.

Eso sí, las empresas que opten por el posicionamiento SEO han de tener en cuenta que no es una estrategia que dé resultados instantáneos. Se necesita trabajar a diario tanto los contenidos como las descripciones, utilizar adecuadamente las redes sociales, etc.

En definitiva, tener contenido de valor y difundirlo al máximo posible para que el buscador en el que se quiera posicionar el negocio —normalmente *Google*— entienda que la empresa es importante en un sector determinado.

Alcanzar el primer puesto para las búsquedas en un motor de búsqueda como *Google* es una tarea complicada que requiere tiempo y dedicación, y que dependerá en gran parte de la estrategia de posicionamiento SEO que ya esté haciendo la competencia.

En la siguiente imagen, aparecen los primeros resultados de la búsqueda en *Google* para las palabras clave "comprar zapatos *online*". La web *Sarenza,* que aparece en el primer resultado, es la que mejor estrategia SEO ha desarrollado para dicha búsqueda.

 **CONSEJO**

Si quieres que una página web o tienda *online* esté bien posicionada gracias al posicionamiento SEO, es preciso eliminar todos los *banners* y animaciones en *Flash*, dado que es una tecnología que no procesan adecuadamente la mayor parte de los motores de búsqueda.

En cuanto al SEM, se trata de pagar una determinada cantidad de dinero a los buscadores por aparecer en los primeros puestos, de forma diferenciada a los resultados orgánicos derivados del SEO. Esto se consigue a través de campañas de publicidad en las plataformas publicitarias de los diversos buscadores. La más utilizada del mundo es *Google Ads,* la plataforma publicitaria de Google. Para negocios con venta directa de productos recomendamos, también, utilizar *Google Shopping.*

Con una adecuada estrategia de SEM nuestro *e-commerce* conseguirá atraer potenciales clientes a corto plazo. Una de las grandes ventajas del SEM es su amplia cobertura —los anuncios pueden aparecer a todos los usuarios que realicen las búsquedas por las palabras clave indicadas— y su flexibilidad a la hora de establecer presupuestos para las campañas de *marketing:* pueden realizarse desde menos de 1 euro al día.

Otro punto favorable para el SEM es que se pueden medir los resultados de las campañas de *marketing* al instante, optimizándolas para mejorarlas cuanto sea preciso.

Las campañas de SEM funcionan, básicamente, como una puja: quien más pague por aparecer en las búsquedas relacionadas con una palabra clave determinada saldrá el primero en las búsquedas.

En la siguiente imagen, los primeros resultados de SEM en Google por las palabras clave "comprar zapatos *online".* La web Shein, que aparece en el primer resultado, es la que más ha pagado por mostrar sus anuncios para dicha búsqueda.

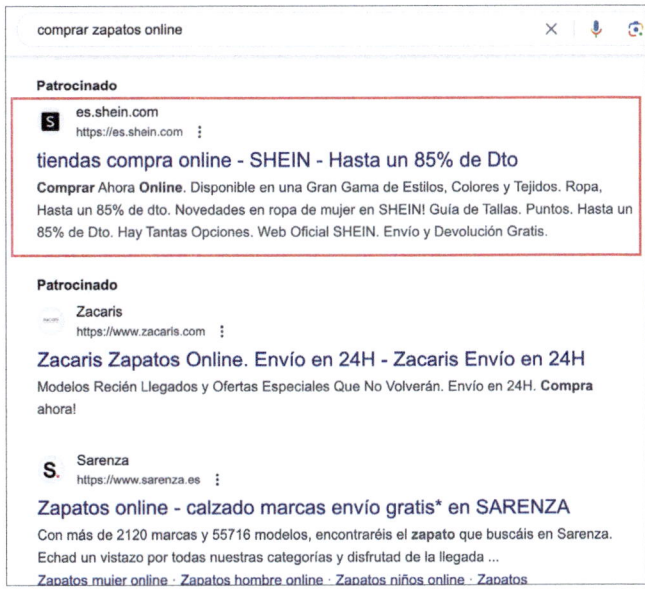

PARA SABER MÁS

Puedes ver un vídeo acerca de las diferencias entre SEO y SEM, accediendo desde aquí:

https://redirectoronline.com/comt121po0103

E-mail marketing

El *e-mail marketing*, o *marketing* a través del correo electrónico, es uno de los canales digitales que más rentabilidad pueden aportar a un negocio o tienda *online*. Según un estudio elaborado por *Direct Marketing Associations* dos tercios del retorno de la inversión (ROI) de un comercio electrónico se consigue a través de una adecuada estrategia de *e-mail marketing*.

El *e-mail marketing* es sumamente cómodo de cara al usuario, ya que cualquier potencial cliente puede leer un correo electrónico en cualquier momento, desde cualquier dispositivo y en cualquier lugar. Únicamente le hace falta tener una conexión a internet.

Además, se trata de una estrategia altamente personalizable y automatizable: pueden personalizarse los mensajes en función de los objetivos, dirigirlos específicamente a determinados grupos de clientes, programar las horas en las que se van a enviar, etc. Además, se pueden analizar fácilmente los resultados de cada campaña y sacar conclusiones fidedignas acerca de su efectividad.

Para realizar adecuadamente una estrategia *de e-mail marketing* recomendamos utilizar herramientas específicas y muy completas, como *Mailchimp*, *Acumbamail* o *MailRelay* que tienen, en su mayoría, versiones gratuitas para enviar correos electrónicos a menos de 2.000 suscriptores.

El e-mail marketing es una estrategia muy eficaz para que las empresas puedan mantener una comunicación periódica con sus clientes o potenciales clientes.

Social media

El éxito o el fracaso de una empresa que quiera vender sus productos y/o servicios a través de internet no depende exclusivamente de su desempeño en los medios sociales —redes sociales, blogs, foros, etc.—. Pero sí es cierto que estos son un aliado más.

Los medios sociales son un canal digital que aporta valor a una empresa. Se trata de un canal muy apropiado para dar a conocer un negocio, pero no debería ser la principal arma de venta de un *e-commerce*.

El primer paso que deben efectuar las empresas que quieran realizar una adecuada estrategia de *social media marketing* es tener, precisamente, una estrategia. Es decir, han de definir para qué y cómo quieren tener presencia en los medios sociales.

Así, las empresas deberían responderse a, al menos, las siguientes preguntas:

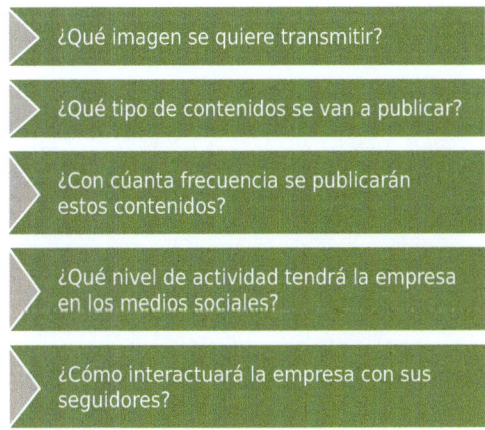

> ¿Qué imagen se quiere transmitir?

> ¿Qué tipo de contenidos se van a publicar?

> ¿Con cúanta frecuencia se publicarán estos contenidos?

> ¿Qué nivel de actividad tendrá la empresa en los medios sociales?

> ¿Cómo interactuará la empresa con sus seguidores?

Los medios sociales no son, únicamente, una herramienta para impulsar y dar a conocer los productos y servicios de una empresa a los usuarios. Son mucho más, se trata de una herramienta muy útil para impulsar la imagen de marca de una empresa.

TAREA 1

Eduardo dirige una empresa dedicada a la gestión de reservas *online,* fundamentalmente para clínicas dentales, aunque también para otro tipo de negocio. Es una empresa nueva, con cuatro personas en plantilla, aunque en expansión y con un gran potencial de crecimiento.

En base a estos datos, decide qué canales son los más adecuados para la empresa de Eduardo. Explica detalladamente por qué.

3.2. Plataformas de comercio electrónico

Para impulsar su comercio electrónico, las empresas pueden optar, además, por utilizar plataformas específicas *para e-commerce.* Pueden estar hechas por un desarrollador externo, *ad hoc* para la empresa en cuestión, o se puede optar por utilizar *software* disponible para diversos sitios webs en el que se pueden personalizar determinadas características.

CONSEJO

Antes de utilizar una plataforma de comercio electrónico determinada, es necesario evaluar su eficacia. También es aconsejable tener en cuenta las características de la interfaz para los potenciales clientes y para el personal del negocio que vaya a utilizarla.

En el mercado existen diversas plataformas para comercio electrónico gratuitas, mientras que otras requieren de un pago por utilizarlas. A continuación, explicaremos en qué consisten algunas de las principales:

➲ **OpenCart:** es una plataforma para comercio electrónico de código abierto, que cuenta con temas y opciones de diseño que posibilitan una grata experiencia de compra para los clientes. Tiene una estructura SEO incorporada, por lo que es una buena ayuda en ese sentido para posicionar productos o servicios en los principales buscadores.

➲ **WooCommerce:** se trata del módulo de comercio electrónico de *Word-Press.* Tiene plantillas atractivas para crear sencillamente tiendas *online* y dar un buen diseño a las páginas de los productos. Además, incluye diversos botones de llamada a la acción y cajas de comentarios, con el objetivo de que los clientes publiquen sus opiniones sobre cada producto.

(© Fotografía: T. Schneider / Shutterstock.com Vía Web - CC BY-SA 3.0).

➲ **Magento:** es una plataforma de código abierto para comercio electrónico que tiene paquetes especializados para todo tipo de empresas, ya sean pequeñas, medianas o grandes.

➲ **Shopify:** ofrece a las empresas un centro de comercio electrónico bastante completo: además de tienda *online* tiene herramientas para potenciar estrategias de *marketing* digital y posicionamiento SEO y ofrece estadísticas que son muy útiles para monitorizar el estado de un negocio.

○ *PrestaShop:* se trata de una plataforma para comercio electrónico totalmente gratuita, que ofrece a las empresas la posibilidad de construir su propia página web con tienda *online* incorporada. Fácilmente configurable, tiene además múltiples módulos de pago que permitirán a las empresas sacarle todo su potencial a sus estrategias de venta en internet.

 **APLICACIÓN PRÁCTICA**

Enrique tiene un bar de copas y quiere mejorar los resultados de sus estrategias de *marketing* digital. Para ello, ha desarrollado una página web para su club a través de *PrestaShop*.

¿Es correcto el uso de esta plataforma para potenciar este tipo de negocio?

Solución

No, *PrestaShop* le sería útil si vendiese sus productos a través de internet pero no es el caso; aunque a través de *PrestaShop* se puede diseñar una página web para cualquier tipo de negocio, se trata de una plataforma específicamente ideada para tiendas *online,* por lo que Enrique no le sacaría todo su potencial.

4. Comercio electrónico: definición y ámbito

 **HILO CONDUCTOR**

Teresa es consciente de que, para tener éxito en el comercio electrónico, debe conocer en profundidad este sector. Así que, para empezar, ha decidido investigar un poco acerca de en qué consiste realmente el comercio electrónico.

El comercio electrónico es, básicamente, el proceso de compra y venta de productos a través de medios electrónicos: aplicaciones de telefonía móvil e internet. Hace referencia, por lo tanto, tanto al comercio minorista *online* como al mayorista.

Si bien la mayor parte de la sociedad considera que el comercio electrónico es, únicamente, un negocio dirigido al consumidor final (B_2C), también puede darse entre empresas (B_2B).

Para realizar con éxito una operación de comercio electrónico, y que esta pueda considerarse como tal, es preciso que todo el proceso de compra y venta se produzca a través de medios electrónicos, incluyendo la visualización de la información por parte de los clientes de los productos o servicios que venda la empresa, la orden de venta y el pago.

 SABÍAS QUE...

Originalmente, el término comercio electrónico se refería a la realización de transacciones económicas a través de medios electrónicos, como el intercambio electrónico de datos. Sin embargo, la llegada de internet y su expansión desde mediados de la década de 1990 dio un giro a esta acepción, centrándolo en la venta de bienes y servicios a través de internet.

5. Características del comercio electrónico

 HILO CONDUCTOR

A Teresa comienza a gustarle bastante el campo del comercio electrónico, así que ha decidido investigar un poco más acerca de sus características. Su objetivo es dominarlo al máximo posible antes de iniciar una estrategia de comercio electrónico para Teresa's Shoes.

El comercio electrónico ha cambiado de forma radical la manera de hacer negocios en todo el planeta. En España este sector ya ha superado con creces los 70.000 millones de euros anuales de volumen de negocio. Pero, ¿qué características definen el comercio electrónico en líneas generales?

- ⮑ **Catálogo virtual:** todas las empresas que opten por realizar acciones de comercio electrónico han de ofrecer a sus potenciales clientes un catálogo de sus productos y servicios. En él podrán informarse acerca de las características de los mismos, hacer pedidos y realizar pagos *online.*

- ⮑ **Ubicuidad:** el comercio electrónico puede desarrollarse desde cualquier lugar del mundo y a cualquier hora. Un consumidor puede adquirir productos o servicios a través de internet desde cualquier lugar. Además, el *e-commerce* no tiene horarios y sus puertas están abiertas permanentemente.

- ⮑ **Alcance global:** para que un cliente adquiera un producto o servicio *online* basta con que tenga disponible una conexión a internet. De esta forma queda patente que el alcance de cualquier producto o servicio que se venda a través de internet puede ser mundial.

- ⮑ **Clientes informados:** el comercio electrónico genera consumidores más informados y críticos, con una mayor capacidad de elección y más elementos de juicio para su toma de decisiones.

● **Espacio virtual:** el comercio electrónico no necesita de una tienda física para llevarse a cabo, lo que fomenta el ahorro para los negocios.

● **Virtualidad:** no existen personas que interactúen con los clientes presencialmente. Todo el personal que pudiera necesitarse en una tienda física está, en esta ocasión, "al otro lado de la pantalla" gestionando los precios, las ofertas, actualizando productos, publicando contenido en las redes sociales, desarrollando estrategias de *marketing*, efectuando tareas de atención al cliente, etc.

● **Cliente de cualquier edad:** el rango de edad de los clientes de comercio electrónico se ha ampliado en los últimos tiempos, alcanzando incluso a los mayores de 65 años. Los consumidores cada vez están más habituados a la utilización de las nuevas tecnologías de la información.

● **Interacción con el cliente:** aunque no exista relación física entre los negocios y los clientes, la interacción con el cliente es muy importante.

Puede realizarse a través de correos electrónicos, chats, redes sociales, teléfono, etc.

➲ **Personalización:** es una de las mayores ventajas de una plataforma de comercio electrónico. Pueden personalizarse las ofertas, los mensajes, los *e-mails* a partir de los gustos o intereses que tenga cada cliente.

➲ **Multimedia:** frente a los negocios tradicionales, los negocios *online* permiten a las empresas utilizar recursos multimedia para vender mejor sus productos o servicios: imágenes, vídeos, audio, texto, etc.

➲ **Aumento de la información:** una de las características del comercio electrónico es la amplia información sobre los productos o servicios que las empresas pueden poner a disposición de los clientes. Algo que no suele ocurrir en el comercio tradicional.

TAREA 2

Marta dirige una empresa de venta de teléfonos móviles reciclados a través de internet. Tiene, de manera continua, alrededor de 3.000 dispositivos en *stock* en su almacén. Quiere hacer especial incidencia en el sector de consumidores más concienciados contra el cambio climático. No obstante, únicamente tiene tres trabajadores en plantilla.

En base a estos datos, indica qué estrategias de comercio electrónico recomendarías a Marta para potenciar las ventas de su negocio a través de internet.

- -

6. Resumen

En la actualidad la inmensa mayoría de los consumidores utilizan el teléfono móvil no solo para conectarse a internet, sino también para comprar productos y servicios. Por ello, tener una página web o una plataforma de venta *online* totalmente adaptada a los dispositivos móviles y desarrollar una adecuada estrategia de comunicación y *marketing,* enfocada a este tipo de dispositivos, es esencial para los negocios que quieran apostar decididamente por la venta de sus productos y servicios a través de internet.

Los consumidores y las empresas pueden realizar diversas acciones de comercio electrónico, desde cualquier lugar del mundo, en cualquier momento. Estas son algunas de las acciones más relevantes que suelen realizarse en la actualidad:

Publicidad móvil

Pago por móvil

Reservas *online*

Banca móvil

Para facilitar las acciones de *marketing online,* las empresas pueden acceder a diversos canales y plataformas. En cuanto a los canales, los principales son el posicionamiento en buscadores (orgánico —SEO— o de pago —SEM—), el social media *marketing* y el *e-mail marketing*. En referencia a las plataformas, existen diversas opciones para construir y potenciar un negocio basado en el comercio electrónico. Estas son las principales:

Ejercicios de autoevaluación
Unidad de Aprendizaje 1

1. ¿En qué tipo de dispositivos se realiza, habitualmente, el *mobile commerce?*

    a. Teléfonos inteligentes y analógicos a través de *telemarketing.*
    b. *Smartphones* o *tablets.*
    c. Ordenadores portátiles.
    d. Teléfonos inteligentes.

2. ¿Qué es una web *responsive?*

    a. Aquella en la cual los colores son capaces de adaptarse y visualizarse de una manera correcta en cualquier tipo de pantalla independientemente de su tamaño.
    b. Aquella en la cual el diseño es capaz de adaptarse y visualizarse de una manera correcta en cualquier tipo de pantalla independientemente de su tamaño.
    c. Aquella en la cual el tipo de letra es capaz de adaptarse y visualizarse de una manera correcta en cualquier tipo de pantalla independientemente de su tamaño.
    d. Aquella en la cual el diseño no es capaz de adaptarse y visualizarse de una manera correcta en cualquier tipo de pantalla independientemente de su tamaño.

3. Determina si la siguiente oración es verdadera o falsa: "En las aplicaciones de telefonía móvil pueden configurarse alertas".

    ■ Falso
    ■ Verdadero

4. ¿Qué estrategias engloba el posicionamiento SEO?

    a. Todas las estrategias de *marketing online* encaminadas a atraer tráfico de calidad —potenciales clientes— a las tiendas online o páginas web corporativas.
    b. Las estrategias de *mobile marketing* encaminadas a atraer tráfico de calidad —potenciales clientes— a las tiendas *online* o páginas web corporativas.

    c. Las estrategias de *marketing online* encaminadas a atraer tráfico de calidad —potenciales clientes— a las tiendas *online.*

    d. Las estrategias de *marketing offline* encaminadas a atraer tráfico de calidad —potenciales clientes— a las tiendas de las empresas.

5. En líneas generales, ¿qué engloba el SEO *on page?*

    a. Las acciones de fidelización de clientes efectuadas a través del *social media marketing.*

    b. Las acciones de posicionamiento SEO, en líneas generales, realizadas en la página web de una empresa.

    c. El SEO *on page* no existe, únicamente el SEO *off page.*

    d. Las acciones de optimización SEO realizadas dentro de la página o tienda *online* de una empresa.

6. El posicionamiento SEO es una estrategia muy rentable a...

    a. ... medio y largo plazo.

    b. ... perpetuidad.

    c. ... medio plazo.

    d. ... corto y medio plazo.

7. ¿Qué es *Google Ads?*

    a. La plataforma publicitaria de *Google.*

    b. Una herramienta de *mobile marketing* desarrollada por *Google.*

    c. La plataforma de posicionamiento SEO de *Google.*

    d. Un motor de búsqueda.

8. ¿Para qué sirve *Mailchimp?*

    a. Es una herramienta que sirve para realizar campañas de *e-mail marketing.*

    b. Para realizar estrategias de posicionamiento SEO.

    c. Para enviar correos electrónicos a los clientes de modo automatizado.

    d. Es una herramienta que sirve para realizar la gestión de redes sociales y de estrategias de e-mail marketing empresariales.

9. ¿Cuál es el mayor *marketplace* del mundo?

   a. *Amazon*
   b. *Alibaba*
   c. *AliExpress*
   d. *MediaMarkt*

10. Determina si la siguiente oración es verdadera o falsa: "Además de entre empresas y consumidores finales, el comercio electrónico no puede darse entre empresas".

   ■ Verdadero
   ■ Falso

Legislación comercial

Contenido

Objetivos

El objetivo general de esta Unidad de Aprendizaje es:

→ Descubrir qué normativas y reglamentos se aplican en España al comercio electrónico.

Los objetivos específicos de esta Unidad de Aprendizaje son:

→ Saber identificar qué normativas debe cumplir una empresa que se dedique al comercio electrónico.

→ Indicar qué documentos legales debe cumplimentar una empresa para realizar una transacción económica.

1. Introducción

El comercio electrónico es un tipo de negocio que se desarrolla a escala global en el que no existen fronteras. Actualmente, cualquier consumidor puede comprar cualquier producto que se venda a través del comercio electrónico, independientemente del lugar en el que se encuentren tanto el comprador como la empresa vendedora.

De esta manera, el comercio electrónico está regulado por diversas normativas nacionales e internacionales. El objetivo de estas legislaciones es garantizar que las empresas cumplan los requisitos legales para realizar actividades de comercio electrónico en todo el mundo. Y, también, procurar la mayor protección posible a los consumidores.

Por ello, es importante que las empresas que quieran dedicarse al comercio electrónico conozcan qué normativas y reglamentación han de cumplir. En esta unidad veremos qué normativas son aplicables tanto al comercio electrónico en general como a la emisión de documentos de venta en particular.

Nos basaremos, para ello, en el caso de Teresa's Shoes, una zapatería tradicional de un barrio de Sevilla que comienza ahora su andadura en el mundo del comercio electrónico.

2. Definición

 HILO CONDUCTOR

Teresa tiene algunas dudas acerca de cómo debe realizar, legalmente, las acciones de comercio electrónico que lleva a cabo a través de Teresa's Shoes. ¿Todas las ventas que consiga cerrar a través de medios electrónicos se considerarán realmente comercio electrónico?

El comercio electrónico hace referencia a las acciones comerciales de distribución, venta y compra de productos o servicios ofrecidos a través de internet.

En sus inicios el término comercio electrónico se aplicaba a las transacciones que se realizaban mediante medios electrónicos. Sin embargo, con el *boom* de internet desde mediados de la década de 1990, el concepto se ha ampliado alcanzando a todas las operaciones de compraventa por internet que se efectúen mediante sistemas de pago electrónicos: tarjetas bancarias, transferencias, métodos de pago propios de internet como *PayPal,* etc.

El objetivo final de las acciones de comercio electrónico es que la operación de compraventa se cierre electrónicamente a través del pago con métodos electrónicos. En algunos casos —como en los infoproductos— la entrega del bien o servicio adquirido también se realiza a través de medios electrónicos.

 **DEFINICIÓN**

Infoproducto
Producto o servicio que se vende exclusivamente en formato digital, es decir, son archivos, aplicaciones o programas informáticos que se descargan en un dispositivo —ordenador, tableta, móvil, etc.— y que solo pueden disfrutarse en el entorno digital.

Si la transacción económica no se lleva a cabo a través de internet, no se puede hablar de comercio electrónico.

 **EJEMPLO**

Si un cliente envía un correo electrónico a una tienda a través de su página web indicando que quiere comprar un producto determinado, la tienda le responde a través de dicho canal y el cliente, finalmente, acaba comprando el producto en la tienda física, esta operación no puede considerarse comercio electrónico.

Gracias al comercio electrónico los consumidores pueden adquirir productos y servicios a través de internet de forma segura.

El comercio electrónico ofrece, en general, múltiples ventajas a las empresas. A continuación, veremos las principales:

➲ **Instantáneo:** permite que cualquier cliente pueda comprar un producto o adquirir un servicio cuando lo desee, independientemente de la hora, del día y del lugar en el que se encuentre. Para ello, solo le hará falta tener una conexión a internet.

➲ **Ahorra tiempo a los clientes:** evita que los consumidores deban desplazarse hasta las tiendas físicas para adquirir los productos que desea.

⮑ **Ahorra dinero a las empresas:** al no hacer falta un local físico, las empresas pueden ahorrar mucho dinero en concepto de alquileres, seguros, suministros básicos, etc.

⮑ **Mayor información:** los consumidores tienen a su disposición un amplio abanico de información acerca de cada producto o servicio, algo que no suele ocurrir en los establecimientos físicos.

3. Normativa y reglamentación aplicable a la emisión de documentos de venta

☞ HILO CONDUCTOR

Teresa ya tiene más claro qué es el comercio electrónico y cómo puede ayudarla a mejorar las ventas de su empresa. Sin embargo, tiene algunas dudas legales, como, por ejemplo, ¿qué reglamentación se aplicará a la emisión de documentos de venta?

Al igual que en el comercio tradicional, en el comercio electrónico los documentos de venta están relacionados con la gestión comercial y la atención al cliente, así como al seguimiento de los pedidos y de las compras efectuadas por los clientes a través de medios electrónicos.

Existen diversos tipos de documentos de venta que pueden utilizarse en el comercio electrónico. A continuación, veremos en qué consisten los principales y las normativas que se aplican en cada uno de ellos:

➲ **Notas de pedido o compra:** a través de este documento el cliente realiza el pedido del producto que desea comprar. Es un documento que no tiene carácter vinculante con quien venda el producto, salvo que así lo indique el prestador del servicio en los avisos legales que debe mostrar en su página web.

Ejemplo de una nota de pedido para un producto adquirido en la web de Amazon

➲ **Nota de ventas:** es un documento comercial en el que el vendedor especifica los detalles de las mercancías pedidas o vendidas al comprador. En él deben constar los diversos productos o servicios adquiridos y el precio que se ha pagado por ellos. También se debe indicar la fecha de entrega, forma de pago, etc.
Este documento implica que el pedido ha sido aceptado por el vendedor, que se compromete a tramitarlo. La mayor parte de las empresas que realizan comercio electrónico lo envían por *e-mail* al comprador después de realizarse la compra y permiten también descargarlo de la página web en la que se haya adquirido el producto o servicio en cuestión.

Ejemplo de una nota de venta para un producto adquirido en la web de iberCaja

⮫ **Albarán de entrega:** es un tipo de documento emitido por la empresa vendedora que justifica que el producto se ha entregado correctamente en el lugar que eligió el cliente para ello. Este documento debe ser firmado por el receptor de la mercancía, habitualmente a través de medios digitales como *iPads* o tabletas. La empresa debe facilitar al cliente una copia de este albarán de entrega.

ꙮ**CORREOS** (S‌E‌P‌I)	NACIONAL	‖‖‖‖‖‖‖‖

	DESTINATARIO
Producto: Paq Estándar Oficina Elegida	
Código envío:	
Oficina de admisión: 5062001 - CASETAS	
Fecha/Hora: 12/03/2024 09:18:12 — Peso: 3245,00	
Valores añadidos e importe: AS	
Importe a pagar: 0,00	

Ejemplo de albarán de entrega realizado por la empresa Correos

◗ **Factura:** la factura es el justificante legal de la operación de compra-venta. Es un documento, además, de una gran importancia fiscal para las empresas. En la factura el vendedor debe hacer constar detalladamente los productos o servicios vendidos, indicando las cantidades, los precios por cada unidad y el precio total, además de las condiciones de pago.

En las facturas debe reflejarse el nombre y apellidos o razón social y el domicilio fiscal tanto del comprador como del vendedor. Además, ha de constar el número de factura, la fecha de emisión y la fecha de vencimiento de la misma. En España las facturas emitidas por las empresas que tengan el comercio electrónico como una de sus actividades están reguladas por el Real Decreto 1619/2012, de 30 de noviembre.

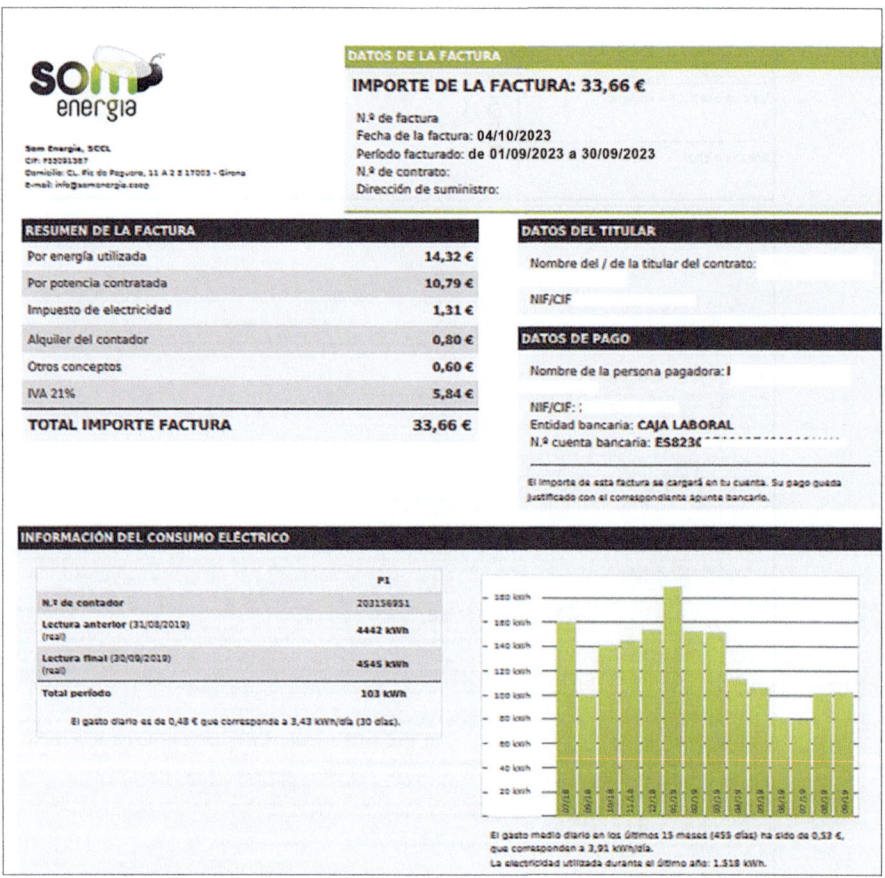

Ejemplo de factura emitida por la empresa Som Energía

⮚ **Factura simplificada:** con la entrada en vigor de la normativa anteriormente mencionada se creó el concepto de 'factura simplificada', que sustituye a los tradicionales *tickets*. Las facturas simplificadas que se emitan en un *e-commerce* deben tener número correlativo, identificación del emisor, una descripción detallada de los bienes o servicios adquiridos, la fecha de expedición de la factura, el importe total y el desglose de los impuestos que afecten a dicha factura (IVA, IRPF, etc.).

El anteriormente mencionado Real Decreto 1619/2012 indica que las facturas simplificadas, salvo excepciones, pueden expedirse cuando su importe no supere los 400 euros, IVA incluido, cuando se trate de facturas rectificativas o si el importe no supera los 3.000 euros, IVA incluido, y se trate, en este caso, de alguno de los supuestos respecto de los que tradicionalmente se ha autorizado la expedición de tiques en sustitución de facturas.

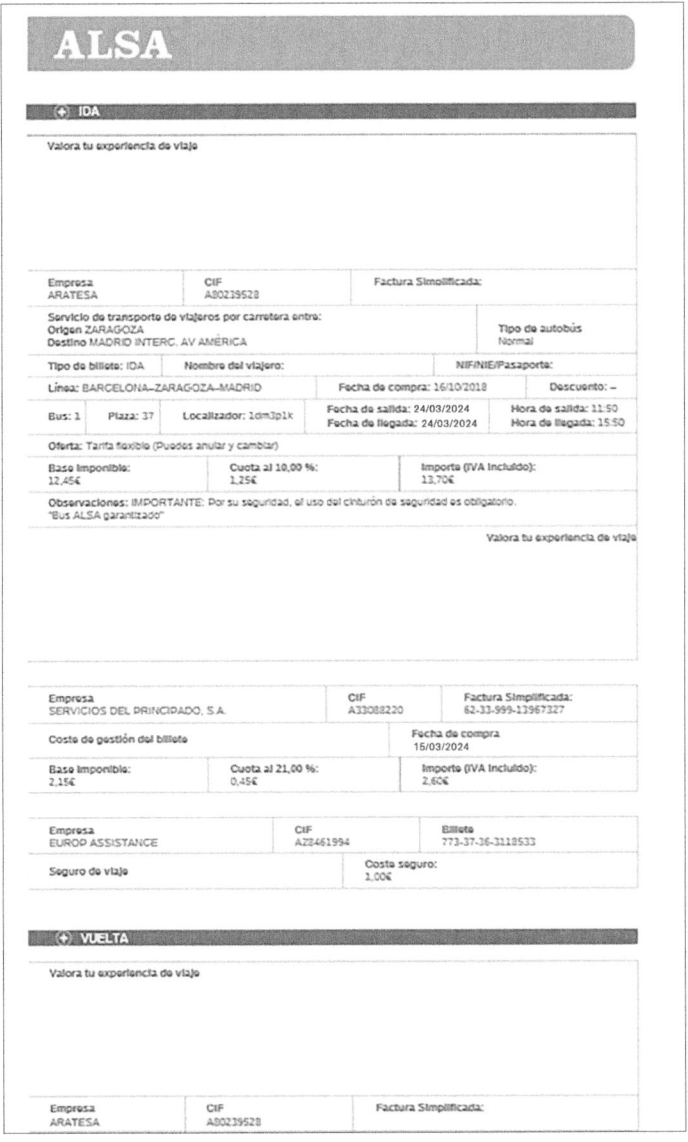

Ejemplo de factura simplificada realizada por la empresa Alsa

APLICACIÓN PRÁCTICA

Eduardo es el propietario de un supermercado ecológico *online*. Tras las operaciones de compra que realizan los clientes en su tienda *online*, si estas son por un importe menor a 300 €, Eduardo les envía una factura simplificada y un albarán de entrega. ¿Actúa Eduardo correctamente?

Solución

Eduardo debe enviar también una nota de pedido y una nota de ventas. Al tratarse de compras por un importe no superior a 300 €, la factura no sería necesaria.

TAREA 3

Eduardo tiene una empresa de venta de material deportivo a través de internet. Indica qué documentos legales debe cumplimentar su empresa para realizar cada transacción económica.

---

4. Normativa y reglamentación aplicable al comercio electrónico

HILO CONDUCTOR

Teresa sigue teniendo algunas dudas acerca de la normativa y la reglamentación que se pueden aplicar al comercio electrónico. Así que va a dedicar varios días a investigar más antes de lanzarse a la aventura. ¿Se encontrará alguna sorpresa?

En España el comercio electrónico está regulado por la Ley 34/2002, de Servicios de Sociedad de la Información y del Comercio Electrónico. Esta normativa regula, además, otros servicios de internet si forman parte de una actividad económica determinada.

Esta normativa establece diversas obligaciones informativas que deben cumplir las empresas que realicen actividades de comercio electrónico. Además, también regula la publicidad que se envía a los potenciales clientes a través de medios electrónicos, como el teléfono móvil o el correo electrónico.

Las normativas que atañen al comercio electrónico tienen la misión de regular las relaciones entre los consumidores y las empresas.

Las obligaciones de información que marca esta ley se amplían para las empresas que lleven a cabo contratos a través de medios electrónicos.

 **NOTA**

El objetivo global de esta normativa es reducir la inseguridad jurídica que la firma de estos contratos solía tener entre las partes.

Además, existen otras normativas complementarias que regulan la actividad comercial en internet, por ejemplo, la Ley 7/1996, de 15 de enero, regula la Ordenación del Comercio Minorista. La Ley 7/1998, de 13 de abril, fija las Condiciones Generales de la Contratación en operaciones de comercio electrónico —entre otras—. Y el Real Decreto Legislativo 1/2007, de 16 de noviembre, también hace algunas referencias al comercio electrónico tras la reforma de la Ley General para la Defensa de los Consumidores y Usuarios y otras leyes complementarias.

4.1. Los aspectos más relevantes de la Ley de Comercio Electrónico

Es importante que las empresas conozcan los aspectos fundamentales de la Ley de Comercio Electrónico y cómo les atañen, como:

● **Aviso legal:** las empresas que se dediquen al comercio electrónico deben incluir, en su página web, información sobre ellas mismas. Esta información ha de estar fácilmente accesible y en ella debe constar, como mínimo, el nombre legal de la empresa, el domicilio social de la entidad, la dirección de correo electrónico de contacto, el número de identificación fiscal de la entidad y los datos de inscripción en el Registro Mercantil.

● **Información sobre el proceso de compra:** se debe incluir información fidedigna sobre el proceso de compra o la contratación de los productos o servicios ofrecidos por la empresa a través de medios electrónicos. Además, es preciso informar al cliente, mediante un acuse de recibo, de que la operación se ha completado de manera exitosa.

● **Protección de datos:** la normativa obliga a las empresas a colocar en su página web una explicación del tratamiento de los datos personales recogidos a través de la navegación de los usuarios —mediante las conocidas *cookies*—. El usuario deberá dar su consentimiento de manera fehaciente para la recopilación de estos datos personales.

⊃ **Envío de comunicaciones comerciales:** las comunicaciones comerciales a través de medios como, por ejemplo, el correo electrónico o el SMS quedan prohibidas si no se ha obtenido el consentimiento expreso del usuario para ello. Estas comunicaciones deben identificarse plenamente como comerciales.

4.2. La Directiva PSD2

Además de todas estas normativas, es preciso tener en cuenta la Directiva PSD2, de ámbito europeo y que se transpuso en España a través del Real Decreto Ley 19/2018. Se trata de una normativa desarrollada por la Comisión Europea, que afecta a los medios de pago y su seguridad.

La principal novedad de esta regulación fue que se incorporó la doble autenticación —también llamada autenticación reforzada— en todos los medios de pago electrónicos. Desde su entrada en vigor, para efectuar un pago a través de internet, es necesario que intervengan dos de los tres elementos siguientes:

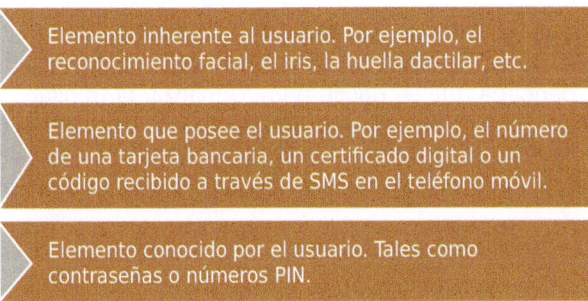

Elemento inherente al usuario. Por ejemplo, el reconocimiento facial, el iris, la huella dactilar, etc.

Elemento que posee el usuario. Por ejemplo, el número de una tarjeta bancaria, un certificado digital o un código recibido a través de SMS en el teléfono móvil.

Elemento conocido por el usuario. Tales como contraseñas o números PIN.

La Directiva PSD2 nace con la intención de regular los sistemas de pago electrónico en todo el ámbito de la Unión Europea, reforzando las medidas de protección de los consumidores para evitar posibles fraudes o estafas.

 ## ACTIVIDAD COMPLEMENTARIA

2. Investiga acerca de los cambios normativos que afectaron a las empresas españolas tras la entrada en vigor de la normativa PSD2.

No obstante, la normativa prevé algunas excepciones que pueden aplicarse a diversas operaciones de compraventa en el comercio electrónico.

Por ejemplo, están exentas de esta normativa las transacciones que sean iniciadas por la empresa vendedora en lugar de por el cliente titular de la tarjeta bancaria que se utilice para formalizar la transacción. Esto ocurre, por ejemplo, en el caso de algunos establecimientos hoteleros que cargan al cliente gastos extraordinarios una vez que han realizado el *check-out* —como, por ejemplo, las consumiciones de un minibar en una habitación de hotel—.

Tampoco es preciso realizar la doble autenticación en operaciones menores de 30 €. A no ser, eso sí, que esta operación se realice 5 veces seguidas o se alcance un valor superior a 100 €. Esta medida de seguridad se implementó para evitar fraudes ante posibles robos de, por ejemplo, una tarjeta bancaria o un teléfono móvil.

PARA SABER MÁS

Puedes ver un vídeo en el que se explica en qué consiste la normativa PSD2, accediendo desde aquí:

https://redirectoronline.com/comt121po0201

También estarán exentos de cumplir esta normativa los pagos recurrentes por la misma cantidad a una empresa determinada. En este caso solo es necesario realizar la doble autenticación para el primer pago. Un ejemplo de ello son los pagos a servicios de suscripción, como, por ejemplo, cadenas de televisión.

Por otro lado, también están exentas de la doble autenticación las compras que se realicen con el teléfono móvil en un mismo comercio electrónico. Para estas operaciones la doble autenticación solo será necesaria la primera vez. No obstante, la normativa contempla también que en este caso los bancos puedan rechazar la operación solicitada.

SABÍAS QUE...

La Directiva PSD2 debería haber entrado en vigor el 14 de septiembre de 2019, pero las partes implicadas pidieron una prórroga de un máximo de 18 meses, alegando que no estaban preparadas para aplicar correctamente la normativa.

TAREA 4

Rebeca es la propietaria de una librería *online*. La mayor parte de sus libros se venden a un precio inferior a 20 €.

Explica detalladamente qué normativas de comercio electrónico debe cumplir la empresa de Rebeca.

----

5. Resumen

El comercio electrónico es aquella actividad económica que hace referencia exclusivamente a las acciones comerciales de distribución, venta y compra de productos o servicios ofrecidos a través de internet.

Al igual que en el comercio tradicional, las empresas deben emitir diversos documentos de venta para certificar y controlar las operaciones de compraventa que realizan para sus clientes. Estos son los principales:

En España las facturas emitidas están reguladas por el Real Decreto 1619/2012, de 30 de noviembre, por el que se aprueba el reglamento por el que se regulan las obligaciones de facturación.

En nuestro país el comercio electrónico está regulado por la Ley 34/2002, de Servicios de Sociedad de la Información y del Comercio Electrónico. Además, la Ley 7/1996, de 15 de enero, regula la Ordenación del Comercio Minorista; la Ley 7/1998, de 13 de abril, fija las Condiciones Generales de la Contratación en operaciones de comercio electrónico; y el Real Decreto Legislativo 1/2007, de 16 de noviembre, también hace algunas referencias al comercio electrónico.

Por otra parte la Directiva PSD2, procedente de la Comisión Europea, reforzó la legislación relativa a los métodos de pago a través de medios electrónicos.

Ejercicios de autoevaluación
Unidad de Aprendizaje 2

1. ¿A qué hace referencia el comercio electrónico?

   a. A las acciones comerciales de distribución, venta y compra de productos o servicios ofrecidos a través de internet.
   b. A las acciones comerciales de distribución, venta y compra de productos ofrecidos a través de *smartphones* o *tablets.*
   c. A las acciones comerciales de distribución, venta y compra de productos o servicios ofrecidos a través de un ordenador.
   d. A las acciones de distribución y venta de productos o servicios ofrecidos a través de internet.

2. ¿Qué entendemos por infoproducto?

   a. Producto o servicio que se vende exclusivamente en formato digital, es decir, son archivos, aplicaciones o programas informáticos que se descargan en un dispositivo —ordenador, *tablet,* móvil, etc.— y que solo pueden disfrutarse en dispositivos de telefonía móvil.
   b. Producto o servicio que se vende principalmente en formato digital, es decir, son archivos, aplicaciones o programas informáticos que se descargan en un dispositivo —ordenador, *tablet,* móvil, etc.—.
   c. Producto o servicio que se compra en formato digital, que solo puede disfrutarse en un ordenador.
   d. Es un producto o servicio que se vende exclusivamente en formato digital, es decir, son archivos, aplicaciones o programas informáticos que se descargan en un dispositivo —ordenador, *tablet,* móvil, etc.— y que solo pueden disfrutarse en el entorno digital.

3. Determina si la siguiente oración es verdadera o falsa: "Si un cliente envía un correo electrónico a una tienda a través de su página web indicando que quiere comprar un producto determinado, la tienda le responde a través de dicho canal y el cliente, finalmente, acaba comprando el producto en la tienda física, esta operación puede considerarse comercio electrónico".

   ■ Verdadero
   ■ Falso

4. ¿Con qué están relacionados los documentos de venta en el comercio electrónico?

a. Con la gestión comercial y la atención al cliente, así como al seguimiento de los pedidos y de las compras efectuadas por los clientes a través de medios electrónicos.

b. Con la gestión comercial y la atención al cliente, así como al seguimiento de los pedidos y de las compras efectuadas por los clientes.

c. Con la gestión comercial y la atención al cliente a través de medios electrónicos.

d. Con la atención al cliente, el seguimiento de los pedidos y de las compras efectuadas por los clientes a través de medios electrónicos.

5. ¿Cuáles son los principales documentos de venta que pueden usarse en el comercio electrónico?

a. Notas de pedido o compras y notas de venta.

b. Notas de pedido o compras, notas de venta y albaranes de entrega.

c. Notas de pedido o compras, albaranes de entrega, notas de venta, factura y factura simplificada.

d. Notas de pedido o compras, albaranes de entrega, notas de venta, *e-ticket,* factura y factura simplificada.

6. ¿Cuál es la principal normativa que regula el comercio electrónico en España?

a. La Ley 34/2002, de Servicios de Sociedad de la Información y del Comercio Electrónico.

b. La Ley 34/2002, de Comercio Electrónico.

c. La Ley 34/2012, de Servicios de Sociedad de la Información y del Comercio Electrónico.

d. La ordenanza PSD2.

7. Determina si la siguiente oración es verdadera o falsa "La Ley 34/2002 también regula la publicidad que se envía a los potenciales clientes a través de medios electrónicos, como el teléfono móvil o el correo electrónico".

   ■ Verdadero
   ■ Falso

8. ¿A qué hace referencia la Directiva PSD2?

   a. A los servicios de pago.
   b. Al comercio minorista a través de internet.
   c. A las compras *online*.
   d. A las campañas de publicidad a través de *e-mail marketing*.

9. ¿Cuál es la principal novedad de la Directiva PSD2?

   a. La prohibición de utilizar servicios externos de *marketplace* para las empresas.
   b. Que se incorporará la triple autenticación —también llamada autenticación reforzada— en todos los medios de pago electrónicos.
   c. La regulación de las campañas de publicidad a través de internet.
   d. Que se incorporará la doble autenticación —también llamada autenticación reforzada— en todos los medios de pago electrónicos.

10. La Directiva PSD2 debería haber entrado en vigor el 14 de septiembre de 2019, pero las partes implicadas pidieron una prórroga que duró hasta un máximo de 18 meses. ¿Qué alegaron para conseguirlo?

   a. Que no estaban preparadas para aplicar correctamente la normativa.
   b. Que los métodos de autenticación elegidos podrían ocasionar fraudes en las transacciones económicas internacionales.
   c. Que no les gustaba la directiva.
   d. Todas las opciones son incorrectas.

Documentación comercial

Contenido

Objetivos

El objetivo general de esta Unidad de Aprendizaje es:

→ Identificar el tipo de contratos que pueden aplicarse en un negocio de comercio electrónico y las características de la normativa que regula esta actividad.

Los objetivos específicos de esta Unidad de Aprendizaje son:

→ Identificar qué contratos deben cumplimentarse en un comercio electrónico.

→ Definir qué requisitos legales debe cumplir un negocio *online* de cara a los usuarios.

1. Introducción

El comercio electrónico está regulado por diversas normativas, tanto nacionales como internacionales, que especifican los derechos y obligaciones tanto de los vendedores como de los compradores. En estas normativas se incluyen los diversos tipos de contrato que pueden firmarse o qué información debe ofrecerse en una página web dedicada al comercio electrónico, entre otras cuestiones.

Las actividades relacionadas con el comercio electrónico tienen, además, diversas particularidades que las diferencian del comercio tradicional. Conocerlas desde el punto de vista legal es muy importante para entrar con buen pie en este ámbito y no cometer errores que podrían ocasionar a las empresas cuantiosas sanciones.

En esta unidad explicaremos cuáles son los principales contratos comerciales que pueden firmarse en un comercio electrónico, qué obligaciones contractuales tienen compradores y vendedores, qué particularidades legales tiene el comercio electrónico respecto al tradicional y cuáles son los procedimientos y requisitos legales aplicables a este tipo de comercio.

Nos basaremos, para todo ello, en el caso de Teresa's Shoes. Se trata de una pequeña zapatería tradicional cuya propietaria, Teresa, tiene algunas dudas sobre la documentación comercial que deberá utilizar en su nuevo comercio *online*.

2. Contratos comerciales

 **HILO CONDUCTOR**

Teresa está ultimando la puesta a punto de su nueva tienda *online* para vender sus productos en todo el mundo. Sin embargo, tiene dudas acerca de los contratos comerciales que deberá utilizar. ¿Serán los mismos que para el comercio tradicional?

Cuando un negocio da el salto al comercio electrónico es habitual que las empresas desconozcan en qué consisten los contratos electrónicos. Este tipo de acuerdos comerciales son, realmente, un convenio entre varias partes: vendedores y compradores.

No se trata de contratos que fijen cuánto tiempo debe durar, por ejemplo, una suscripción, sino de contratos comerciales tradicionales. La diferencia sustancial es que estos se forman a través de medios electrónicos. A través de estos acuerdos legales las partes certifican, voluntariamente, que adquieren unas obligaciones y que pueden exigirse su cumplimiento mutuamente.

Una de las grandes ventajas de los contratos comerciales electrónicos es que no hay un acto físico de firma de contrato, ya que la firma se realiza por medios telemáticos. De esta manera las partes ahorran tiempo y esfuerzo.

Muchos contratos electrónicos pueden firmarse digitalmente a través de diversas aplicaciones.

2.1. Tipos de contratos

Los contratos comerciales pueden clasificarse de varias maneras: por su forma, por la emisión de las declaraciones, por los sujetos, por la forma de pago o por el objeto del contrato.

Tipos de contratos comerciales según su forma

Atendiendo a su forma, existen dos tipos de contratos comerciales:

Contrato electrónico directo
- Se trata de los contratos que se aplican a la compra de productos que pueden encontrarse, comprarse, pagarse y entregarse de forma plenamente *online* y que se disfrutan accediendo a una plataforma digital. Estamos hablando de productos digitales, como música, videojuegos, programas informáticos, cursos de formación *online*, canales de televisión digital, etc.

Contrato electrónico indirecto
- Este tipo de contratos se utiliza para productos que no pueden disfrutarse instantáneamente tras realizar la compra. Aquí, el producto o servicio se encuentra en internet y el contrato se formaliza también por este medio, e incluso se paga a través de medios de pago *online*. No obstante, para que la compra finalice, es preciso el envío físico del producto o la prestación efectiva del servicio en cuestión por parte de la empresa vendedora. Ejemplos de estos contratos son la compraventa de productos en tiendas *online* (moda, discos, alimentación...) que son enviados posteriormente al domicilio del cliente.

Tipos de contratos comerciales según la emisión de las declaraciones

Dependiendo de cómo se emitan las declaraciones de las partes firmantes, existen dos tipos de contrato:

Contrato electrónico puro
- En este tipo de contrato las manifestaciones de la voluntad de las partes firmantes se efectúan totalmente a través de medios online. Por ejemplo, la contratación de un servicio o producto mediante una página web.

Contrato electrónico mixto
- Este tipo de contrato requiere para su formalización de métodos electrónicos, pero también de métodos tradicionales. Un ejemplo de ello es cuando una empresa envía por correo electrónico un contrato a un cliente para su revisión, pero para que este sea legal, lo envía posteriormente al domicilio del cliente para que este lo firme y lo devuelva firmado a la empresa.

Tipos de contratos comerciales según la clasificación por los sujetos

En el comercio electrónico los contratos comerciales también pueden clasificarse atendiendo a la naturaleza de los sujetos que los firmen:

Contrato electrónico de consumo
- Hablamos de contrato electrónico de consumo para aquellos contratos en los que al menos una de las partes es el consumidor final del producto o servicio contratado.

Contrato electrónico mercantil
- Se trata de un tipo de contrato que se realiza cuando todas las partes que participan en la contratación son empresas.

 **EJEMPLO**

Si una persona física compra un coche en una tienda *online,* se estará suscribiendo un contrato electrónico de consumo. Sin embargo, si la compra la realiza una empresa, se tratará de un contrato electrónico mercantil.

Clasificación por la forma de pago

Atendiendo a la forma de pago utilizada, los contratos comerciales pueden clasificarse en diversos tipos:

Contrato electrónico con pago electrónico
- Se trata de un tipo de contrato que implica una transacción económica que debe abonarse por medios de pago online. En este tipo de transacciones se utilizan métodos de pago como, por ejemplo, tarjetas bancarias, transferencias entre bancos o monedas virtuales.

Contrato electrónico con pago tradicional
- En este tipo de contratos el pago se efectúa físicamente a través de dinero en metálico, contra reembolso o cualquier otro método de pago tradicional como, por ejemplo, un cheque bancario.

Clasificación por el objeto del contrato

Finalmente, los contratos comerciales que se firman en el comercio electrónico también pueden subdividirse atendiendo al objeto del contrato:

Contrato electrónico de entrega
- Se trata de contratos referidos a productos. Pueden ser contratos inmediatos o diferidos, dependiendo de cuándo se realice la entrega efectiva del producto en cuestión.

Contrato electrónico de prestación
- Este tipo de contratos hace referencia a servicios. Al igual que los contratos electrónicos de entrega, pueden ser inmediatos o diferidos, dependiendo de cuándo se preste eficazmente el servicio contratado.

NOTA

Cuidado con la letra pequeña de los contratos: no vale cualquier medida. Legalmente, la letra tiene que tener una altura mínima de 2,5 mm, con un espaciado entre líneas superior a 1,15 mm. Además, debe haber un contraste adecuado con el fondo para que la lectura sea cómoda. Todo esto viene reflejado en el Real Decreto Legislativo 1/2007.

TAREA 5

Susana es la propietaria de una tienda de alimentación ecológica *online*. Vende productos artesanos, especialmente a consumidores finales, pero también a empresas de *catering*. Todo el proceso de venta se lleva a cabo por internet.

En base a estos datos, identifica qué tipo de contratos debe cumplimentar Susana.

---

3. Obligaciones contractuales del comprador y del vendedor

☞ HILO CONDUCTOR

Teresa ya tiene más claro qué tipos de contratos existen en el comercio electrónico. Ahora quiere saber qué obligaciones contractuales se derivan de los mismos, tanto para los compradores como para ella misma como empresaria.

Efectuar una transacción en una tienda *online* abre un ciclo de relaciones comerciales entre clientes y vendedores que tiene sus implicaciones jurídicas. Cuando el usuario acepta la propuesta comercial de la empresa, se convierte en cliente de la misma. Es entonces cuando se crean, a través de los contratos, una serie de obligaciones para ambas partes.

SABÍAS QUE...

Siempre que la legislación vigente exija que consten por escrito los contratos, o cualquier otra información relacionada con estos, este requisito únicamente se dará por satisfecho si el contrato o la información en cuestión se facilita en un soporte electrónico.

3.1. Obligaciones contractuales del vendedor

Al formalizar un contrato electrónico, los vendedores deben asumir una serie de obligaciones, tal como marcan las diversas normativas aplicables al comercio electrónico. A continuación, veremos en qué consisten las obligaciones principales:

➲ **Consentimiento efectivo del contrato:** según marca la Ley General para la Defensa de los Consumidores y Usuarios la falta de respuesta a la oferta de venta a distancia no se considerará, nunca, como una aceptación de la misma. Por lo tanto, los vendedores deben certificar que existe una aceptación tácita de la oferta en cuestión.

- **Prohibición de envíos no aceptados:** la legislación no permite que las empresas envíen productos o servicios que los clientes no hayan aceptado a través de una petición de pago. En el caso de que se realizase algún envío no aceptado por el cliente, este no está obligado a devolver los productos.
- **Entrega de productos:** los productos comprados a través de una tienda *online* deben ser puestos a disposición de los clientes en un plazo de tiempo no superior a 30 días. De exceder este plazo, el consumidor podrá solicitar la devolución del importe abonado para la compra.
- **Idiomas:** el vendedor está obligado a facilitar al cliente los idiomas en los que podrá realizarse el contrato de compraventa.
- **Información veraz:** el vendedor debe ofrecer información veraz acerca de sus productos o servicios. Esta información ha de incluir características del bien o servicio ofrecido, vigencia de la oferta, etc. También se han de especificar los gastos de envío, en caso de que los haya.
- **Medios de pago disponibles:** el vendedor debe informar claramente de los medios de pago que acepta en su página web.
- **Derechos de los usuarios:** si la empresa en cuestión archiva el documento electrónico en el que se haya formalizado el contrato, se debe comunicar al comprador cuáles son sus derechos ARCO, es decir, de acceso, rectificación, cancelación y oposición y cómo hacerlos efectivos. Con la aprobación de la Ley Orgánica 3/2018, de 5 de diciembre, de Protección de Datos Personales y garantía de los derechos digitales, los clientes tienen también derecho a la portabilidad de los datos (a autorizar, o no, que sus datos sean transferidos a un tercero) y al olvido (a la supresión inmediata de los datos personales).
- **Confirmación de la operación realizada:** el vendedor también está obligado a enviar al comprador una confirmación de la operación realizada. Este acuse de recibo ha de enviarse por un medio de comunicación electrónico —*e-mail,* SMS, etc.— en un plazo no superior a 24 horas tras la aceptación de la operación.
- **Derecho de desistimiento:** la Ley General para la Defensa de los Consumidores y Usuarios establece que los clientes tienen un periodo de 14 días naturales para desistir de un contrato. El vendedor tiene la obligación legal de respetar este derecho.

 SABÍAS QUE...

Si no se cumplen estas obligaciones, las empresas pueden afrontar una inspección y un procedimiento sancionador, que puede terminar con multas de hasta 600.000 € para las infracciones muy graves.

APLICACIÓN PRÁCTICA

Sofía es la propietaria de una asesoría fiscal a través de internet. En su página web tiene colgado un aviso legal, su política de privacidad, información sobre el negocio en el idioma local, información sobre los precios, destaca bien la obligatoriedad de realizar el pago e informa sobre la política de *cookies*. ¿Cumple la web de Sofía todos los requisitos legales?

Solución

Sofía ha actuado correctamente. No es preciso incluir información sobre que sus productos no están destinados a menores de edad, ya que su servicio no se puede catalogar como exclusivo para adultos. En relación a la propiedad intelectual, no es preciso hacer referencias a la misma, ya que no se indica la existencia de imágenes o material sujeto a *copyright*. Y respecto al envío de sus productos a clientes, al tratarse de una asesoría fiscal a través de internet, no se envían productos físicamente.

3.2. Obligaciones contractuales del comprador

Como no podía ser de otra manera, los compradores también tienen una serie de obligaciones derivadas de la firma de contratos en el comercio electrónico. A continuación, veremos las principales:

- ⊃ **Información veraz:** los compradores están obligados a facilitar información veraz para realizar transacciones comerciales. Esta información es determinante para que los vendedores puedan cumplir con lo establecido en el contrato y para que la operación comercial pueda llevarse a cabo legalmente.
- ⊃ **Custodia de las contraseñas:** si la operación de compra se ha efectuado en una tienda *online,* el comprador tiene la obligación legal de conservar y custodiar adecuadamente sus contraseñas de acceso a la plataforma de venta.
- ⊃ **Entrega de mercancías tras ejercitar el derecho de desistimiento:** en el caso de haber ejercitado su derecho de desistimiento, el comprador debe entregar los productos al vendedor, a un tercero autorizado por este —como, por ejemplo, una empresa de transporte— o devolverlo mediante un servicio de correo. Esta operación debe realizarse en un

plazo de tiempo no superior a 14 días naturales tras ejercer su derecho de desistimiento.

 ACTIVIDAD COMPLEMENTARIA

3. Investiga acerca de los principales problemas que tienen los consumidores en las compras *online*. Consulta, para ello, las páginas webs de las principales asociaciones de consumidores españolas. Puedes comenzar leyendo el siguiente artículo:

https://redirectoronline.com/comt121po0301

¿Qué conclusiones sacas?

4. Las particularidades del comercio electrónico

 HILO CONDUCTOR

Teresa ya sabe qué tipos de contratos puede formalizar y cuáles son sus obligaciones y las de sus potenciales clientes. ¿Qué otras particularidades legales tendrá que afrontar en su aventura en el comercio electrónico?

Ciertamente, en el comercio electrónico el derecho siempre va por detrás, ya que los cambios en los modelos de negocio y en las relaciones entre consumidores y vendedores se suceden a gran velocidad. No obstante, existen ciertas particularidades legales que diferencian al comercio electrónico del tradicional.

⊕ PARA SABER MÁS

Puedes consultar una guía completa sobre los aspectos legales en el comercio electrónico y las normativas que lo regulan, accediendo desde aquí:

https://redirectoronline.com/comt121po0302

Las normativas que regulan el comercio electrónico tienen la misión de proteger tanto a los consumidores como a las propias empresas, haciendo especial hincapié en las transacciones económicas.

4.1. Las obligaciones con la Agencia Tributaria del comercio electrónico

Si iniciar un negocio *online* conlleva la necesidad de comprar productos a proveedores o a terceras empresas, antes de iniciar la actividad profesional es preciso registrarla ante la Agencia Tributaria. De esta manera, estas inversiones formarán parte del proceso y será posible que la empresa o el autónomo en cuestión puedan desgravarse los gastos e impuestos correspondientes, como por ejemplo el IVA.

CONSEJO

Si estás empezando en el mundo empresarial o eres autónomo, lo ideal es que derives los asuntos fiscales a una gestoría o asesor fiscal.

Además, cuando se lance una tienda *online* y se efectúen campañas de *marketing online* para captar clientes, será necesario formalizar el alta en la Agencia Tributaria a través del modelo 036 para los autónomos o trabajadores por cuenta propia. Y, además, también habrá que darse de alta en la Seguridad Social.

NOTA

Las tiendas *online* pueden acogerse al llamado recargo de equivalencia tal como marca la ley. Esto consiste en un régimen especial de IVA en el que se paga un IVA un poco más alto al proveedor, pero no se deben presentar declaraciones de IVA trimestrales.

4.2. Requisitos legales para una tienda *online*

Las tiendas *online* han de cumplir una serie de requisitos y facilitar determinada información a los usuarios, tal como marcan las normativas que regulan el comercio electrónico. A continuación, veremos cuáles son los principales requisitos legales para una tienda *online:*

- ➲ **Aviso legal:** según la Ley de Servicios de la Sociedad de la Información, las tiendas *online* deben publicar una identificación clara de la persona o entidad responsable de la actividad comercial. En esta información ha de incluirse el domicilio legal, el NIF y el número de registro mercantil, así como los diversos datos de contacto de la empresa: teléfono, dirección do *c mail,* dirección física, etc.
- ➲ **Política de privacidad:** una tienda *online* debe cumplir con las obligaciones de información que detalla la Ley Orgánica de Protección de Datos personales y garantía de los derechos digitales, colgando en la web un documento que contenga la política de privacidad de la empresa.

En este documento se debe indicar claramente quién o quiénes son los titulares de la web, cuál es el objetivo de la web, qué derechos tienen los usuarios y cómo y ante quién ejercerlos.

- **Información en el idioma local:** la información debe estar escrita en el idioma oficial del país en el que la empresa lleve a cabo su actividad comercial. También se puede ofrecer esta información, además, en otros idiomas.

- **Política de *cookies:*** si la web tiene algún dispositivo que almacene *cookies* en el navegador del usuario para, por ejemplo, extraer información de sus acciones con intereses publicitarios o comerciales, las empresas deben introducir un aviso en su web comunicándolo.

- **Menores de edad:** si la venta *online* incluye productos catalogados para un público adulto, las empresas deben incluir en sus procesos de venta algún sistema que solicite la edad del usuario. La empresa debe corroborar estos datos antes de proceder a la venta.

- **Propiedad intelectual:** todo el contenido que se publique en una página web debe respetar los derechos de autor de sus creadores originales. Esto atañe, especialmente, a imágenes, vídeos, canciones...

- **Destacar la obligación de pago:** si la realización de la operación por parte del usuario conlleva la necesidad de pagar por un producto o servicio, esto debe quedar claro durante el proceso de compra. Así, deben incluirse botones con textos suficientemente claros como, por ejemplo, **pagar ahora** en lugar de **pedir.**

- **Información sobre los precios:** si el proceso de venta se lleva a cabo a través de una página web, debe incluirse el precio de los productos que se vendan en ella. Además, también se debe especificar la cuantía de los impuestos, tasas, costes de envío, etc.

- **Información de envío al cliente:** antes de cerrar la operación de compra, el cliente debe poder consultar la información correspondiente a su pedido, así como las características de los productos o servicios adquiridos, los plazos de entrega y el derecho de desistimiento. Cuando el cliente haya finalizado la compra, se le debe enviar, por medios electrónicos, toda la información sobre la operación.

DEFINICIÓN

Cookie

Información enviada por un sitio web que se almacena en el navegador del usuario. Sirve, entre otros asuntos, para almacenar las contraseñas de sitios web o para recopilar información sobre el historial de navegación del usuario.

ACTIVIDAD COMPLEMENTARIA

4. En 2018 entró en vigor el nuevo Reglamento General de Protección de Datos, que obligaba a las empresas que operaban en internet a incluir en sus webs los requisitos legales explicados en esta unidad. Sin embargo, muchas empresas españolas todavía no cumplen con todos los requisitos de información legal en sus páginas web. ¿A qué crees que se debe?

Puedes buscar información sobre dicho reglamento en la guía del Reglamento General de Protección de Datos, accediendo desde aquí:

https://redirectoronline.com/comt121po0302

 ## TAREA 6

Eduardo es el propietario de un restaurante que, en su página web, ofrece la posibilidad de reservar una mesa y, además, elegir el sitio del restaurante en el que el usuario quiere comer. En base a estos datos, define qué requisitos legales debe cumplir el negocio *online* de Eduardo de cara a los usuarios.

5. Los procedimientos y requisitos legales aplicables

👉 HILO CONDUCTOR

Teresa ya tiene bastante claro el marco legal en el que debe moverse si quiere iniciar con buen pie la andadura de Teresa's Shoes en el comercio electrónico. No obstante, quiere saber más cosas sobre los procedimientos y requisitos legales que deberá tener en cuenta.

- -

Una empresa que se dedique al comercio electrónico debe cumplir con los requisitos legales que marcan la Ley Orgánica de Protección de Datos Personales y garantía de los derechos digitales (LOPDGDD), la Ley de Servicios de la Sociedad de la Información (LSSI), la Ley General para la Defensa de los Consumidores y Usuarios (LGDCU) y la Ley de Ordenación del Comercio Minorista.

El objetivo de estas regulaciones es crear un marco jurídico sólido para la realización de actividades relacionadas con el comercio electrónico.

En este apartado explicaremos algunos aspectos básicos de estas y otras normativas que no hemos visto en apartados anteriores.

Básicamente la LOPDGDD establece que el titular de los datos personales que se recojan en una página web tiene derecho a conocer quién es el responsable del tratamiento de sus datos y que ha de tener acceso de manera libre, sencilla e inmediata a él. Además, el responsable de los datos debe informar fehacientemente de los medios que tienen a su disposición los usuarios para ejercer sus derechos.

En cuanto a la LSSI, obliga a las empresas a publicar diversos datos de forma permanente y de libre acceso: nombre y apellidos o denominación social del responsable de la web, domicilio fiscal, NIF, autorizaciones administrativas o de los colegios profesionales, en su caso, códigos de conducta a los que esté adherida la tienda *online,* y datos de contacto de la empresa.

Tanto la LOPDGDD como la LSSI hacen especial hincapié en la protección de los derechos de los consumidores en el comercio electrónico.

La LGDCU indica que las tiendas *online* deben informar previamente a la celebración del contrato de las características elementales de la compra. De esta forma, se deben facilitar también datos como: precio total de la operación —incluyendo impuestos—, procesos de pago y entrega del bien o servicio adquirido, garantías aplicables, tiempo de duración del contrato, derecho de desistimiento, características de los bienes o servicios adquiridos, procedimientos que pueden llevar a cabo los clientes para efectuar reclamaciones, costes y plazos de devolución de los productos.

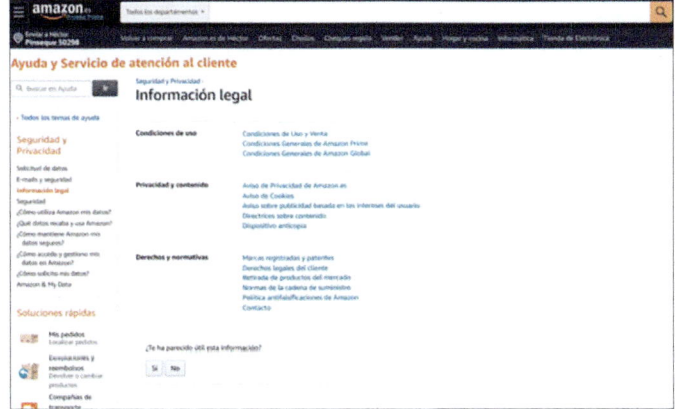

Extracto del área legal dentro de la web de Amazon, en la que se informa detalladamente de diversos aspectos legales relacionados con las actividades de comercio electrónico que pueden desarrollarse en este marketplace.

6. Resumen

En el comercio electrónico existen diversos tipos de contratos comerciales: según su forma (directos o indirectos), la emisión de las declaraciones (puros o mixtos), los sujetos (de consumo o mercantil), la forma de pago (pago electrónico o tradicional) o el objeto del contrato (de entrega o de prestación).

Al formalizar un contrato electrónico los vendedores deben asumir varias obligaciones. Estas son las principales:

Por su parte, los compradores también tienen diversas obligaciones:

| Información veraz | Medios de pago disponibles | Entrega de mercancías tras ejercer el derecho de desistimiento |

Las tiendas *online* también deben cumplir varios requisitos y facilitar información a los usuarios. Estos son los principales requisitos de información legales para una tienda *online:*

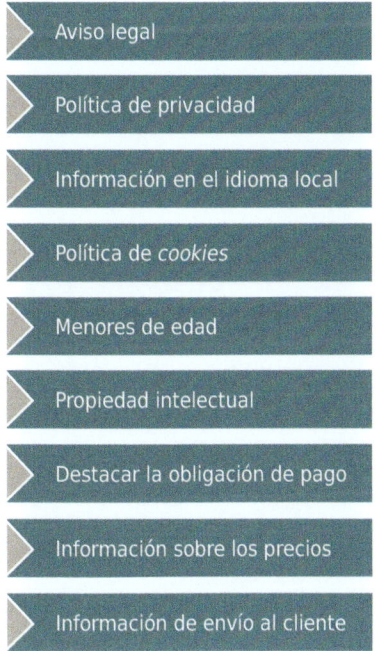

- Aviso legal
- Política de privacidad
- Información en el idioma local
- Política de *cookies*
- Menores de edad
- Propiedad intelectual
- Destacar la obligación de pago
- Información sobre los precios
- Información de envío al cliente

Ejercicios de autoevaluación
Unidad de Aprendizaje 3

1. ¿Qué se certifica en un contrato comercial de comercio electrónico?

    a. Que la partes adquieren unos derechos y que pueden exigirse su cumplimiento mutuamente.

    b. La identidad real de las partes contratantes.

    c. El precio de venta de un producto o servicio.

    d. Que las partes adquieren unas obligaciones y que pueden exigirse su cumplimiento mutuamente.

2. ¿Qué tipos de contratos comerciales existen según su forma?

    a. Directos e indirectos.

    b. Directos, indirectos y mixtos.

    c. Directos, indirectos, mixtos y de pago.

    d. Directos y legales.

3. Determina si la siguiente oración es verdadera o falsa: "Legalmente, la letra de un contrato tiene que tener una altura mínima de 1,5 mm".

    ■ Verdadero

    ■ Falso

4. ¿Cuándo se dará por satisfecho el requisito de que los contratos consten por escrito?

    a. Cuando estos se faciliten en soporte electrónico.

    b. Siempre.

    c. Cuando estos se faciliten en soporte papel.

    d. Cuando las partes firmen los contratos.

5. Mostrar el consentimiento efectivo del contrato ¿es una obligación del vendedor o del comprador?

    a. De ambos.

    b. Del vendedor.

    c. Del comprador.

    d. De ninguno, ya que esta obligación no existe.

6. ¿Cuáles son las principales obligaciones contractuales de un comprador?

 a. Facilitar información veraz, custodiar adecuadamente las contraseñas y entregar las mercancías tras ejercer su derecho de desistimiento.
 b. Las que marca la Ley 34/2002, de Comercio Electrónico.
 c. Las que marca la Ley 34/2012, de Servicios de Sociedad de la Información y del Comercio Electrónico.
 d. Custodiar adecuadamente las contraseñas y entregar las mercancías tras ejercer su derecho de desistimiento.

7. ¿Qué tipos de contratos electrónicos existen según la emisión de las declaraciones?

 a. Electrónicos puros o electrónicos mixtos.
 b. Electrónicos puros o electrónicos completos.
 c. Electrónicos e interactivos.
 d. Electrónicos puros o electrónicos no mixtos.

8. Determina si la siguiente oración es verdadera o falsa: "Las empresas que vendan productos *online* deben destacar durante el proceso de venta de sus productos que se trata de una compra por parte de los usuarios".

 ■ Verdadero
 ■ Falso

9. ¿Cuáles son las normativas que regulan los aspectos jurídicos del comercio electrónico en España?

 a. La Ley Orgánica de Protección de Datos y la Ley de Servicios de la Sociedad de la Información.
 b. La Ley de Servicios de la Sociedad de la Información (LSSI), la Ley General para la Defensa de los Consumidores y Usuarios (LGDCU) y la Ley de Ordenación del Comercio Minorista.

c. La Ley General para la Defensa de los Consumidores y Usuarios y la Ley de Ordenación del Comercio Minorista.

d. La Ley Orgánica de Protección de Datos Personales y garantía de los derechos digitales, la Ley de Servicios de la Sociedad de la Información, la Ley General para la Defensa de los Consumidores y Usuarios y la Ley de Ordenación del Comercio Minorista.

10. ¿En qué consiste el llamado recargo de equivalencia?

a. En un régimen especial de IVA en el que se paga un IVA un poco más alto al proveedor pero no se deben presentar declaraciones de IVA trimestrales.

b. Esto consiste en un régimen especial de IVA en el que se paga un IVA un poco más bajo al proveedor pero no se deben presentar declaraciones de IVA trimestrales.

c. Esto consiste en un régimen especial de IVA en el que se paga un IVA un poco más alto al proveedor pero se deben presentar declaraciones de IVA trimestrales.

d. Esto consiste en un régimen especial de IRPF en el que se paga un IRPF un poco más alto al proveedor pero no se deben presentar declaraciones de IRPF trimestrales.

Los procedimientos administrativos de facturación

Contenido

Objetivos

El objetivo general de esta Unidad de Aprendizaje es:

→ Adquirir conocimientos básicos sobre los principales procesos administrativos de facturación que se desarrollan en un comercio electrónico.

Los objetivos específicos de esta Unidad de Aprendizaje son:

→ Indicar qué documentos de venta debe emitir un comercio electrónico que se dedique a la venta internacional.

→ Describir las principales pautas para llevar al día la contabilidad y la gestión de un comercio electrónico.

1. Introducción

Como cualquier empresa, las que se dediquen al comercio electrónico deben tener muy clara su contabilidad y la forma de gestionar su negocio. En el *e-commerce* existen una serie de normativas y documentos que es necesario conocer para que las empresas que se dedican a la venta a través de medios interactivos o digitales no tengan ningún tipo de problema legal.

De esta manera, es necesario que las empresas conozcan las diversas normas y usos de contabilidad aplicables al comercio electrónico, qué documentación deben aportar en cada venta, qué obligaciones tributarias tienen, de qué herramientas disponen para optimizar la gestión de su administración empresarial, etc.

En esta unidad hablaremos de todo ello. Nos basaremos en el caso de Teresa's Shoes, una pequeña zapatería de un barrio de Sevilla cuya propietaria, Teresa, está impulsando un nuevo *e-commerce* a través de la red y necesita conocer a fondo cómo gestionar bien la contabilidad de su negocio.

2. Las normas de contabilidad aplicables al comercio electrónico

☞ **HILO CONDUCTOR**

A la hora de afrontar la contabilidad de su nuevo *e-commerce*, Teresa tiene dudas acerca de cómo llevarla a cabo. ¿Será diferente de la que ha venido realizando para su tienda física? ¿Qué normas de contabilidad se podrían aplicar al comercio electrónico?

- -

A la hora de llevar bien la contabilidad de un negocio enfocado en la venta de productos interactivos y digitales, las empresas deben gestionar adecuadamente los denominados **libros.** Se trata del registro de las facturas de ingresos y gastos de la empresa. Existen diversos tipos de libros, fundamentalmente, fiscales, mercantiles y contables.

Existen dos libros fundamentales a la hora de llevar el registro de operaciones de contabilidad:

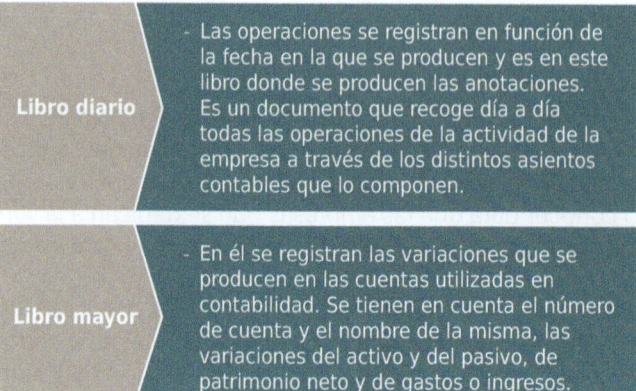

Libro diario	- Las operaciones se registran en función de la fecha en la que se producen y es en este libro donde se producen las anotaciones. Es un documento que recoge día a día todas las operaciones de la actividad de la empresa a través de los distintos asientos contables que lo componen.
Libro mayor	- En él se registran las variaciones que se producen en las cuentas utilizadas en contabilidad. Se tienen en cuenta el número de cuenta y el nombre de la misma, las variaciones del activo y del pasivo, de patrimonio neto y de gastos o ingresos.

Ambos libros están interrelacionados, ya que todas las operaciones que se anoten en el libro diario deben anotarse en el libro mayor.

 **VÍDEO**

Puedes ver el siguiente vídeo en el que se explica con ejemplos concretos qué son el libro diario y el libro mayor y sus aplicaciones en contabilidad, accediendo desde aquí:

https://redirectoronline.com/comt121po0401

2.1. Libros obligatorios y gestión documental

Como todas las empresas, las que se dediquen a la venta de productos a través de medios interactivos o digitales también deben gestionar una serie de libros y otros documentos administrativos.

Los autónomos deben llevar al día una serie de libros de registro, con el objetivo de justificar sus facturas y tener así un registro contable sobre su actividad empresarial.

En cuanto a las empresas, básicamente, necesitan llevar al día los libros obligatorios de empresa que, en síntesis, sirven para lo mismo que los libros de autónomos pero en un ámbito de una organización empresarial.

En cuanto a la gestión documental, es preciso llevar un registro para dejar constancia de la actividad empresarial. Se trata, básicamente, de recopilar toda la información que forme parte de la empresa, incluso a nivel fiscal: alta como autónomo, impuestos presentados, documentos de constitución de la empresa, contratos de los trabajadores o con los proveedores, etc.

En la era digital, lo más común es que la gestión documental se realice mediante transferencias de datos entre diversos equipos o almacenando la información en discos duros o en la nube.

 ACTIVIDAD COMPLEMENTARIA

5. Accede a las páginas webs de dos empresas que ofrezcan asesoría *online* para empresas. Examina el contenido de dichas páginas webs y analiza qué soluciones y servicios de asesoría ofrecen para las empresas y cuáles son sus características más importantes.

Además, las empresas también deben elaborar los llamados estados contables o financieros. Se trata de una serie de informes que permiten mostrar la imagen del patrimonio de la empresa, su situación financiera y determinar así si hay beneficios o pérdidas. Estos estados contables deben registrarse anualmente en el Registro Mercantil.

Estos son los principales estados contables que deben presentar las empresas:

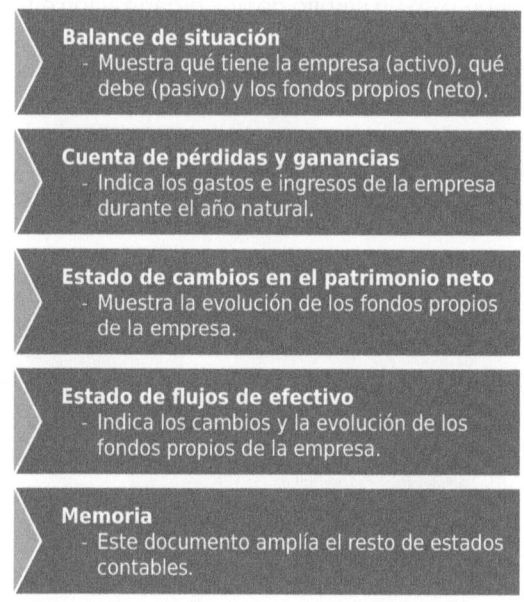

Balance de situación
- Muestra qué tiene la empresa (activo), qué debe (pasivo) y los fondos propios (neto).

Cuenta de pérdidas y ganancias
- Indica los gastos e ingresos de la empresa durante el año natural.

Estado de cambios en el patrimonio neto
- Muestra la evolución de los fondos propios de la empresa.

Estado de flujos de efectivo
- Indica los cambios y la evolución de los fondos propios de la empresa.

Memoria
- Este documento amplía el resto de estados contables.

También será necesario tener al día, con carácter general, los libros de registro de facturas expedidas o recibidas, bienes de inversión y diversas operaciones intracomunitarias.

Respecto a los libros de registro de facturas expedidas o recibidas y bienes de inversión, las empresas pueden efectuar asientos o anotaciones sobre hojas separadas que, tras numerarlas y encuadernarlas correlativamente, formarán el libro definitivo.

En cuanto al formato, los libros pueden efectuarse en medios electrónicos, aunque la Agencia Tributaria exige que se conserven en soporte magnético u óptico los ficheros, bases de datos y programas necesarios para acceder a los mismos.

Desde hace varios años, las empresas ya no están obligadas a presentar los libros contables en formato papel.

Las empresas que se dediquen a la venta de productos a través de medios digitales o interactivos han de registrar los bienes comprendidos en su inmovilizado material, valorándolos por su coste, ya sea por el precio de adquisición o el coste de producción. Así, deberán registrar adecuadamente tanto los productos que tengan en *stock* como los equipos informáticos que necesiten para llevar a cabo su trabajo: ordenadores, tabletas, teléfonos móviles, etc.

También será preciso tener en cuenta el inmovilizado intangible, como, por ejemplo, nuevos desarrollos web, o de *software* que la empresa haya desarrollado expresamente para poder desarrollar su negocio adecuadamente. Aquí habrá que incluir, además, el tiempo dedicado a la investigación y realización de esos nuevos desarrollos.

Además, también deben incluirse en el balance aspectos como concesiones administrativas, derechos comerciales, propiedad intelectual o licencias que la empresa haya obtenido para el desarrollo de su trabajo en el ámbito del comercio electrónico.

También será necesario incluir los alquileres que necesite la empresa para llevar a cabo su actividad, como, por ejemplo, el alquiler del servidor en el que la empresa tenga alojada su tienda *online.*

Las empresas deben llevar un control exhaustivo de su contabilidad si quieren conocer el estado financiero de su negocio.

Por otro lado, las empresas españolas deben seguir, en su contabilidad, el principio de devengo tal como marca el Real Decreto 1515/2007. Se trata de una norma contable según la cual las transacciones o hechos económicos deben ser registrados por parte de la empresa en el momento en que se producen, independientemente de la fecha en que sean pagadas o cobradas.

Gestionar adecuadamente su contabilidad permitirá a las empresas conocer el estado financiero real de su negocio.

 **PARA SABER MÁS**

Puedes leer el siguiente artículo para conocer más información acerca del principio de devengo, accediendo aquí:

Continúa en página siguiente >>

<< Viene de página anterior

https://redirectoronline.com/comt121po0402

En cuanto al **sistema de partida doble,** en él se anota cada operación económica en dos entradas diferenciadas: un incremento llega a una cuenta y una reducción a otra. Por ejemplo, cuando se efectúa una venta, se recibe un ingreso de efectivo (incremento), pero a la vez hay una reducción de inventario. Y cuando se adquiere un nuevo bien, se produce un incremento de inventario, pero una reducción del capital disponible por parte de la empresa.

La gestión de la contabilidad empresarial es una tarea que debe realizar personal especializado.

2.2. Conciliación bancaria para empresas

Si la actividad de venta de productos a través de medios interactivos o digitales se realiza bajo la figura legal de empresa, y no como autónomo, también es necesario efectuar la llamada **conciliación bancaria.**

Esto consiste, básicamente, en justificar cada movimiento que se realice en la cuenta del banco de la empresa a través de una factura, un *ticket,* una nómina, etc. En suma, de cualquier tipo de documento contable. Esto es muy importante para controlar de modo efectivo los ingresos y gastos de las empresas.

NOTA

La conciliación bancaria no es un proceso obligatorio para las empresas, pero su realización de forma periódica les permitirá tener la contabilidad totalmente controlada.

- -

3. La emisión de documentación relacionada con el proceso de venta

☞ HILO CONDUCTOR

Teresa todavía tiene algunas dudas acerca de la gestión de su *e-commerce*, fundamentalmente, sobre la emisión de documentación relacionada con el proceso de venta. ¿Qué documentos deberá emitir?

- -

Además de los documentos de venta que ya hemos comentado en este curso —nota de pedido o compra, albarán de entrega, factura y factura simplificada—, las empresas que se dediquen a la venta de productos a través de medios interactivos o digitales deben tener en cuenta otro tipo de documentación relacionada con el proceso de venta, especialmente, si se dedican al comercio internacional.

Una de las características del comercio electrónico es que no existen fronteras. Un consumidor puede comprar por internet un producto en una tienda *online* que se encuentre fuera de su continente sin ningún tipo de problema. Esto es muy habitual en grandes *marketplaces,* como, por ejemplo, *Amazon.* De esta forma, las empresas también deben tener en cuenta la documentación que habrán de presentar en caso de que tengan ventas a nivel internacional, por pequeñas que sean.

El comercio electrónico no tiene fronteras, por lo que todas las empresas que se dediquen a él deben preparar sus procesos de venta para la internacionalización.

Todos los productos que se envíen desde un país perteneciente a la Unión Europea que tengan como destino una nación fuera de la misma deben pasar por el control de aduanas. Y, en consecuencia, las empresas han de cumplimentar los formularios aduaneros que se requieran en cada país. Si no se cumplimenta la documentación, o si se hace de modo impreciso o incompleto, la mercancía en cuestión podría quedar retenida.

Así, habrá que cumplimentar los formularios de declaración aduanera e incorporar las licencias de exportación que tenga la empresa. Los principales formularios de aduana son las aplicaciones de cuotas arancelarias, formularios de impuestos especiales, certificados de asociación entre países, certificados de origen, etc. En cuanto a las licencias de exportación, dependen de cada sector en el que se opere y de los productos que se quieran exportar.

 PARA SABER MÁS

Puedes obtener más información sobre los principales formularios de aduana que existen, accediendo desde aquí:

Continúa en página siguiente >>

<< Viene de página anterior

https://redirectoronline.com/comt121po0403

También se debe adjuntar una copia de la factura en el envoltorio del paquete, usando para ello una funda de plástico o un sobre que se marquen con la inscripción "documentos de aduanas". Eso sí, es preciso tener en cuenta que la mayoría de los países tienen sus propias normas de facturación.

Cuando se tramite la documentación de una mercancía en la aduana, se debe indicar, además, la siguiente información:

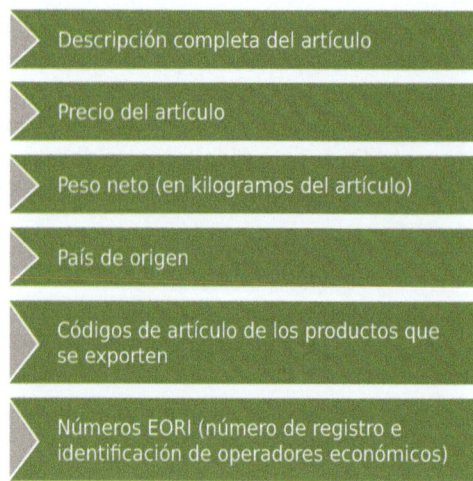

Todo este tipo de documentación debe emitirse en formatos fácilmente legibles, fundamentalmente, archivos de *Excel,* PDF o documentos de texto, y enviarse a través de métodos fácilmente accesibles tanto a las autoridades pertinentes como a los usuarios, por ejemplo, mediante el envío de correos electrónicos.

PARA SABER MÁS

Uno de los programas de facturación *online* más utilizados es *Contasimple*. Si deseas puedes ver una serie de tutoriales para conocer su funcionamiento accediendo desde aquí:

Cómo emitir facturas	Cómo gestionar albaranes, presupuestos y facturas

https://redirectoronline.com/comt121po0404	*https://redirectoronline.com/comt121po0405*

 TAREA 7

Pablo es el propietario de una empresa que vende material de ferretería industrial a través de internet, exportando tanto a países de la Unión Europea como fuera de ella. En base a estos datos, indica qué documentos de venta deberá emitir la empresa de Pablo en cada transacción.

4. La emisión de la documentación relacionada con la contabilidad

☞ HILO CONDUCTOR

A Teresa le preocupa que las ventas de su *e-commerce*, Teresa's Shoes, comiencen a crecer de un modo tal que no pueda controlarlas. ¿Cómo debería emitir la documentación de su contabilidad para controlarla adecuadamente?

Efectuar un seguimiento constante de los ingresos y gastos es fundamental para trabajar adecuadamente la contabilidad de un negocio *online*. Entender y controlar los gastos y los ingresos de un comercio *online* ayuda a tomar decisiones estratégicas correctas de cara al futuro de la empresa. Para ello, las empresas han de prestar especial atención a la contabilidad.

Mediante una correcta contabilidad será más fácil que las empresas puedan redactar sus propios informes y balances financieros, así como las declaraciones de ingresos y gastos. Este tipo de informes sirven para conocer el estado económico de la empresa y pueden hacer que inversores o entidades financieras comprendan mejor cómo está funcionando una empresa determinada.

Gestionar adecuadamente la contabilidad de una empresa permite conocer fielmente el estado financiero del negocio.

PARA SABER MÁS

Puedes leer el siguiente tutorial sobre Contasol, uno de los programas de contabilidad más completos que existen, accediendo desde aquí:

https://redirectoronline.com/comt121po0406

5. Los procedimientos para la actualización de las cuentas

HILO CONDUCTOR

Teresa está comenzando a ser consciente de que llevar la contabilidad de su *e-commerce* puede suponerle un esfuerzo adicional. ¿Existirán algunos procesos determinados para actualizar sus cuentas de una manera sencilla?

El mejor procedimiento para actualizar las cuentas de una empresa que se dedique a la venta de productos a través de medios interactivos o digitales es trazar una rutina de trabajo que incluya la gestión de las cuentas de la empresa diariamente.

Lo más recomendable es que las empresas realicen la actualización de sus cuentas a través de *software* empresarial específico. En el mercado existen muchos productos adecuados para ello. A continuación, veremos en qué consisten los más relevantes:

- **Wave:** se trata de un buen *software* financiero, especialmente indicado para las pymes y los autónomos. Permite efectuar un completo seguimiento de ingresos, gastos, recibos o elaborar informes. Se integra con facilidad con otros *softwares* de contabilidad empresarial. Es gratuito.

● **Contasol:** se trata de uno de los programas de contabilidad más utilizados por las empresas españolas. Permite introducir los asientos contables correspondientes a las operaciones que se realizan en la actividad de la empresa, así como la emisión de las declaraciones trimestrales del IVA, IRPF, impuesto sobre sociedades, SII, etc.

● **Xero:** es un *software* bastante completo. Permite gestionar datos, realizar pagos en múltiples monedas, emitir facturas y presupuestos, sincronizar las cuentas bancarias, hacer un seguimiento del inventario, realizar pedidos a los proveedores, etc.

● **Zoho Books:** otro completo programa de gestión de la contabilidad de una empresa. Permite crear y enviar presupuestos y/o facturas, registrar gastos, controlar las deudas de los clientes y, en general, monitorizar los gastos del negocio.

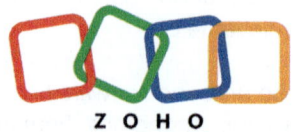

➲ **FreshBooks:** se trata de un *software* de gestión contable en la nube muy intuitivo, con una interfaz sencilla. Está especialmente indicado para pequeñas empresas. Permite gestionar transferencias bancarias, monitorizar impuestos, generar facturas, etc.

➲ **QuickBooks:** es un programa de contabilidad empresarial en la nube avanzado, muy completo, enfocado a medianas o grandes empresas. Permite crear y enviar facturas, gestionar los impuestos, rastrear ventas, gastos y ganancias, etc.

5.1. Consejos adicionales para la actualización de las cuentas contables

Cada vez que una empresa pague una factura, adquiera nuevos bienes, pague por sus campañas de publicidad en internet, realice una venta..., en suma, cuando se realice una operación económica relacionada con el negocio *online,* deberá registrarse.

Este registro puede hacerse en una libreta, en un archivo de *Excel,* en bases de datos o a través de algún programa de contabilidad. Lo más adecuado es registrar el motivo de la operación, cuándo se realizó, qué cantidad se ingresó o pagó y qué cuentas de la empresa participaron en la operación.

También es aconsejable guardar los recibos. Esto te permitirá comprobar más adelante que las operaciones económicas anotadas son correctas o no. Y también permitirán comprobar si las declaraciones de impuestos se han hecho correctamente y reclamarlas cuando sea necesario efectuar las correspondientes declaraciones ante las administraciones tributarias.

Llevar al día la contabilidad de una empresa es fundamental para controlar adecuadamente el rendimiento financiero de la misma.

 PARA SABER MÁS

Excel es uno de los programas más utilizados por las empresas para gestionar su contabilidad. Puedes ver este tutorial sobre cómo actualizar las cuentas contables en este programa, accediendo desde aquí:

https://redirectoronline.com/comt121po0407

6. Emisión de informes sobre el estado de las cuentas

 HILO CONDUCTOR

Teresa ya tiene bastante claro cómo llevar al día la contabilidad y las cuentas de Teresa's Shoes. Sin embargo, para su tienda física, realiza informes económicos periódicamente. ¿Cómo debería hacerlos para su tienda *online*?

Si una empresa lleva al día la información contable de su negocio *online,* podrá generar los informes necesarios para monitorizar el estado de su negocio periódicamente. Habitualmente, hay dos informes financieros que las empresas que se dediquen a la venta de productos a través de medios interactivos o digitales deberían redactar. Los vemos a continuación:

Estado de resultados
- En este tipo de informe, también llamado "declaración de ingresos" se muestran los ingresos y gastos de la empresa para el periodo de estudio determinado —mes, trimestre, año...—. Es un informe muy útil para ver los beneficios o pérdidas de la empresa. Lo ideal es comparar el último informe generado con los anteriores para ver mejor la evolución del negocio.

Balance general
- También llamado "hoja de balance, balance de cuentas" o "balance contable," este informe proporcionará a la empresa una lista de sus activos y deudas, así como del capital y el patrimonio con el que cuente. Es un buen método para monitorizar las propiedades de la empresa, el dinero del que dispone, las deudas o las inversiones que se hayan efectuado.

Además de los informes que hemos comentado, para certificar la información contable de la empresa, es recomendable realizar de manera periódica una auditoría contable. Es la única forma de certificar que la información financiera de la empresa es transparente. Y, además, es una buena herramienta en la que apoyarse para tomar decisiones de futuro.

A la hora de realizar un informe de auditoría sobre los estados financieros de la empresa, es preciso saber que se trata de un documento mercantil que debe ser realizado por auditores homologados. Ha de realizarse en un formato estandarizado por el Instituto de Contabilidad y Auditoría de Cuentas, siguiendo la Norma Internacional de Auditoría 700.

Un informe de auditoría debe contener, al menos, los siguientes datos:

Datos del informe de auditoría
- Identificación de la empresa auditada.
- Descripción general de la auditoría.
- Opinión técnica de las personas auditoras.
- Opinión acerca de si concuerda, o no, el informe de auditoría con las cuentas presentadas por la empresa.
- Fecha y firma de las personas auditoras.

SABÍAS QUE...

Al acabar un ejercicio contable, las empresas deben comprobar si están o no obligadas a realizar una auditoría contable. Esto viene regulado por el artículo 263 del Real Decreto Legislativo 1/2010, que se enmarca en la Ley de Sociedades de Capital.

Todo este tipo de informes deben emitirse en formatos fácilmente legibles, fundamentalmente archivos de *Excel,* PDF o documentos de texto, y enviarse a través de métodos fácilmente accesibles tanto a las autoridades pertinentes como a los diversos departamentos de la empresa que los necesiten (contabilidad, finanzas, compras, etc.), por ejemplo, mediante el envío de correos electrónicos.

ACTIVIDAD COMPLEMENTARIA

6. Lee varios medios de comunicación *online* y páginas web especializadas en pymes y autónomos, y busca noticias o reportajes relacionados con las dificultades de las empresas para gestionar sus negocios *online.* Una vez que lo hayas hecho, y recordando lo estudiado en esta unidad, ¿cuál crees que puede ser la principal dificultad de las empresas para gestionar la contabilidad de sus negocios *online?*

TAREA 8

Montse es la propietaria de una empresa de reparto de comida a domicilio que gestiona sus pedidos a través de internet y por teléfono. Tiene cinco repartidores y cinco cocineros, así como dos teleoperadoras y un técnico de *marketing* digital. Además, tiene contratos con decenas de proveedores.

En base a estos datos, describe las principales pautas que deberá llevar a cabo Montse para llevar al día la contabilidad y la gestión de su negocio *online.*

---

7. Resumen

Para gestionar correctamente la contabilidad de una empresa que se dedique a la venta de productos interactivos y digitales, se deben actualizar adecuadamente los llamados **libros.** Se trata de las facturas de ingresos y gastos de la empresa. Fundamentalmente, existen libros mercantiles y contables. Los principales son el libro diario y el mayor.

También deben elaborarse los estados contables o financieros. Son informes que permiten mostrar la imagen del patrimonio real de las empresas y su situación financiera, determinando si hay beneficios o pérdidas. Los estados contables han de presentarse anualmente en el Registro Mercantil. Estos son los principales:

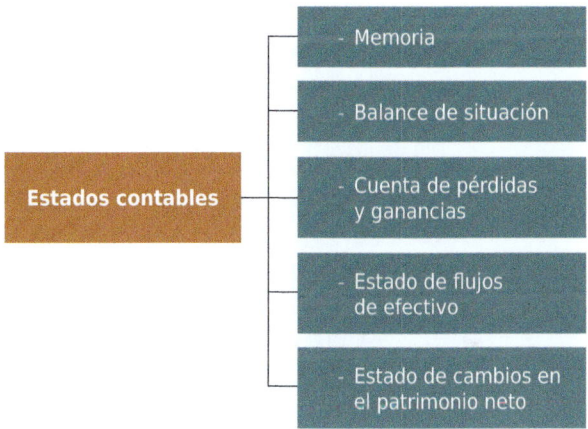

Para actualizar correctamente sus cuentas, las empresas suelen utilizar *software* empresarial específico. En el mercado hay múltiples programas especializados en ello. Estos son los más relevantes:

Cuando una empresa pague una factura, compre nuevos bienes, pague sus campañas de *marketing online,* consiga una venta..., es decir, cuando efectúe una operación económica, deberá registrarla. Este seguimiento puede hacerse anotando las operaciones en una libreta, un archivo de *Excel,* bases de datos o programas de contabilidad. Lo más aconsejable es registrar el motivo de la operación, cuándo se realizó, qué cantidad se ingresó o pagó y qué cuentas de la empresa participaron en la operación.

Por otro lado, habitualmente hay dos informes financieros que las empresas que se dediquen a la venta de productos a través de medios interactivos o digitales deberían redactar: el estado de resultados y el balance general.

Además, es recomendable hacer una auditoría contable periódicamente para certificar que la información financiera de la empresa es transparente y real. Un informe de auditoría debe contener, al menos, los siguientes datos:

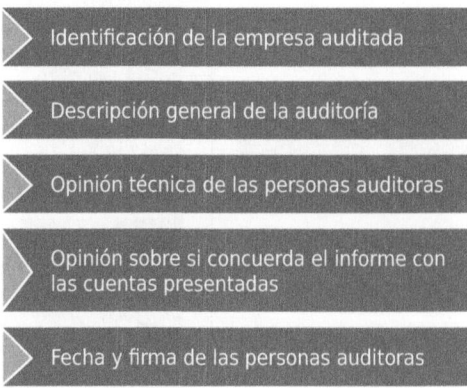

Identificación de la empresa auditada

Descripción general de la auditoría

Opinión técnica de las personas auditoras

Opinión sobre si concuerda el informe con las cuentas presentadas

Fecha y firma de las personas auditoras

Ejercicios de autoevaluación
Unidad de Aprendizaje 4

1. Determina si la siguiente oración es verdadera o falsa: "Las empresas que se dediquen a la venta a través de medios interactivos o digitales no deben emitir facturas por cada venta".

   ■ Falso
   ■ Verdadero

2. En términos de contabilidad empresarial, ¿qué libro registra las operaciones diarias de la empresa?

   a. El libro diario.
   b. El libro mayor.
   c. El libro de facturas expedidas y recibidas.
   d. El libro de ingresos y gastos.

3. ¿Cual de los siguientes no es un estado contable?

   a. Estado de cambios en el patrimonio neto.
   b. Estado de flujos bancarios.
   c. Memoria.
   d. Balance de situación.

4. ¿En qué consiste la conciliación bancaria?

   a. En justificar cada movimiento que se realice en la cuenta del banco de la empresa a través de una factura, un *ticket,* una nómina, etc.
   b. En justificar cada gasto que se realice en la cuenta del banco de la empresa a través de una factura, un *ticket,* una nómina, etc.
   c. En justificar cada ingreso que se realice en la cuenta del banco de la empresa a través de una factura, un *ticket,* una nómina, etc.
   d. En justificar el pago de impuestos de la empresa ante la Agencia Tributaria.

5. Determina si la siguiente oración es verdadera o falsa: "La conciliación bancaria es obligatoria para todas las empresas".

- ■ Verdadero
- ■ Falso

6. ¿Qué documentación deben cumplimentar las empresas que quieran vender sus productos fuera de la Unión Europea?

   a. Los formularios aduaneros y las licencias de exportación que se requieran en cada país.
   b. La documentación que marca la Ley 34/2002, de Comercio Electrónico.
   c. Los albaranes de entrega de mercancía internacional.
   d. La documentación exigida por la Ley de Sociedades Anónimas.

7. Determina si la siguiente oración es verdadera o falsa: "En contabilidad el sistema de partida doble obliga a realizar anotaciones dobles de cada operación económica".

- ■ Verdadero
- ■ Falso

8. En base al principio de devengo, ¿cuándo se deben registrar las transacciones?

   a. En el momento en el que se producen.
   b. Cuando se efectúe el pago correspondiente.
   c. En cualquier periodo de tiempo.
   d. Cuando se reciba el cobro.

9. ¿Cuáles son los principales tipos de informes financieros que debe redactar una empresa?

   a. El estado de resultados y el balance general.
   b. Estado de resultados, balance general y auditoría.
   c. Estado de resultados y auditoría.
   d. Balance contable y auditoría.

10. ¿Por qué decimos que es aconsejable guardar los recibos en una empresa?

    a. Porque esto permitirá a las empresas comprobar más adelante que las operaciones económicas anotadas son correctas o no.

    b. Porque son imprescindibles para realizar las declaraciones de impuestos.

    c. Porque esto impedirá a las empresas comprobar más adelante si las operaciones económicas anotadas son correctas o no.

    d. La afirmación es incorrecta, ya que no es necesario guardar los recibos.

Sistema informático para la facturación y emisión de documentación comercial

Contenido

1. Introducción
2. Funcionalidades para el registro de las ventas, la emisión de documentación comercial, documentos contables, envío de documentos, etc.
3. Resumen

Objetivos

El objetivo general de esta Unidad de Aprendizaje es:

→ Adquirir conocimientos sobre los principales sistemas informáticos para la facturación y emisión de documentación comercial.

Los objetivos específicos de esta Unidad de Aprendizaje son:

→ Designar la aplicación informática más adecuada para gestionar la facturación y emisión de documentación comercial de una pequeña empresa.

→ Indicar cómo puede mejorar una pyme su rendimiento mediante la utilización de un sistema informático de facturación y emisión de documentación comercial.

1. Introducción

Las empresas que se dedican a la venta de productos a través de medios interactivos o digitales generan mucha documentación: contratos, facturas, pedidos, órdenes de venta, albaranes, informes estadísticos, etc. Cuanto más organizada esté esta documentación y más accesible sea para los principales departamentos de una empresa, mejor.

Dos de las principales dificultades que se encuentran la mayor parte de las empresas que venden sus productos a través de la red son la facturación y la emisión de documentación comercial. En el mercado existen diversos programas informáticos especialmente diseñados para ayudar a las empresas a gestionar adecuadamente ambos aspectos.

Tener un buen sistema informático de facturación y emisión de documentación comercial es una gran ayuda para las empresas, ya que a través de ellos se pueden, además, gestionar los pagos a proveedores o de clientes, preparar los pertinentes impuestos, sacar informes estadísticos muy útiles para los departamentos de ventas o *marketing*, etc.

En esta unidad aprenderemos aspectos básicos acerca de los sistemas informáticos de facturación y emisión de documentación comercial para las empresas. Lo haremos basándonos en el caso de Teresa's Shoes, una pequeña tienda de zapatos que se ha lanzado a la aventura de vender sus productos a través de medios digitales y que comienza a tener problemas para gestionar adecuadamente sus facturas y su documentación comercial.

2. Funcionalidades para el registro de las ventas, la emisión de documentación comercial, documentos contables, envío de documentos, etc.

 **HILO CONDUCTOR**

Teresa ya lleva varias semanas con su nuevo *c commerce* funcionando. En este tiempo ha comenzado a generar múltiple documentación que comienza a ser difícil de controlar. ¿Qué posibilidades informáticas existirán para agilizar

Continúa en página siguiente >>

[121]

<< Viene de página anterior

y organizar adecuadamente los diversos procesos documentales que debe cumplimentar?

- -

Cuando una empresa quiere alcanzar realmente el éxito en sus negocios, debe tener en cuenta diversos factores: el personal laboral que la compone, los departamentos en que se va a dividir y los documentos que se van a generar (facturas, órdenes de venta, contratos, documentos comerciales, albaranes, etc.).

Gestionar adecuadamente la parte documental es vital para conseguir una buena organización en el trabajo, planificar adecuadamente los objetivos de la empresa y acceder a todos los documentos de la misma rápidamente. Todo esto se puede hacer fácilmente con un programa de facturación y gestión documental.

 **DEFINICIÓN**

Programa de facturación

Es, básicamente, un *software* informático que permite gestionar y controlar el envío y la recepción de facturas de los productos vendidos y comprados o los servicios realizados entre empresas y clientes.

- -

La emisión de documentos de una empresa se refiere a toda la información y documentación que genere una empresa, desde las compras y ventas hasta la documentación societaria. En síntesis, existen varios tipos de documentos comerciales, como veremos a continuación:

Nota de pedido

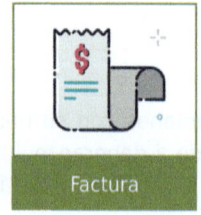
Factura

Contratos

Continúa en página siguiente >>

<< *Viene de página anterior*

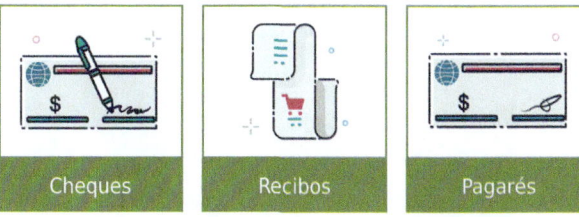

Cheques · Recibos · Pagarés

 **CONSEJO**

Gestionar, ordenar y actualizar adecuadamente los documentos comerciales permite que la documentación esté siempre disponible y actualizada para los principales departamentos de la empresa. De esta forma, las empresas pueden ahorrar tiempo, agilizar procesos y cumplir sus objetivos comerciales con más facilidad.

2.1. Características de los programas de facturación y emisión de documentación comercial

En el mercado existen numerosos programas de facturación y emisión de documentación comercial para empresas. Más adelante veremos los principales, pero todos tienen unas características básicas. Normalmente, incorporan plantillas de facturas con los contenidos básicos según la normativa vigente: número de factura, fecha de emisión de la misma, datos fiscales del emisor y del receptor, descripción de los productos o servicios que son objeto de la factura, tipo impositivo a que está sujeta la operación y el importe total de la operación.

Habitualmente, los programas de facturación incorporan elementos visuales para mejorar la estética de la factura, dando una imagen más profesional. Así, permiten personalizar las facturas con los logotipos y colores corporativos de la empresa y firmarlas electrónicamente.

Los programas de facturación y emisión de documentación comercial permiten a las empresas generar fácilmente informes y estadísticas sobre la evolución de su negocio.

Aunque la mayor parte de las pequeñas empresas solo los utilizan para emitir facturas, un *software* de facturación también sirve para gestionar otros aspectos fundamentales para la facturación de una empresa. Estos son los principales:

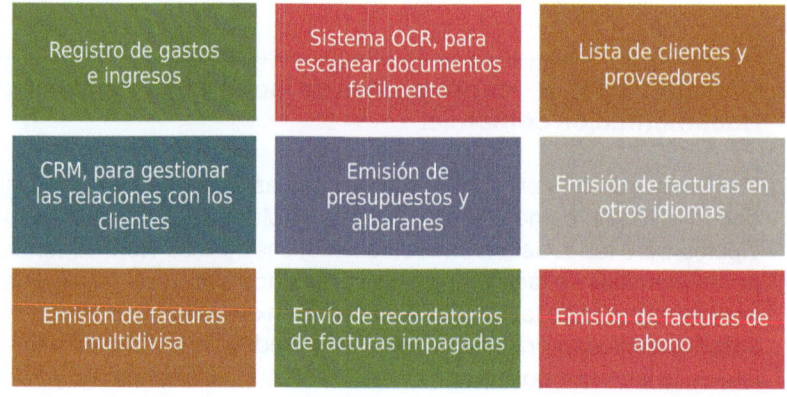

Registro de gastos e ingresos	Sistema OCR, para escanear documentos fácilmente	Lista de clientes y proveedores
CRM, para gestionar las relaciones con los clientes	Emisión de presupuestos y albaranes	Emisión de facturas en otros idiomas
Emisión de facturas multidivisa	Envío de recordatorios de facturas impagadas	Emisión de facturas de abono

 **DEFINICIÓN**

Sistema OCR

Sistema de reconocimiento óptico de caracteres. Es utilizado en muchos programas informáticos de escaneado de documentos.

La mayor parte de los programas de facturación incluyen módulos para gestionar adecuadamente la contabilidad de las empresas. En este tipo de programas es esencial conseguir una buena categorización contable de los gastos e ingresos, lo que permitirá elaborar automáticamente informes de resultados como el balance de situación o la cuenta de pérdidas y ganancias de la empresa.

Existen varios tipos de programas, dependiendo del soporte que utilicen para funcionar:

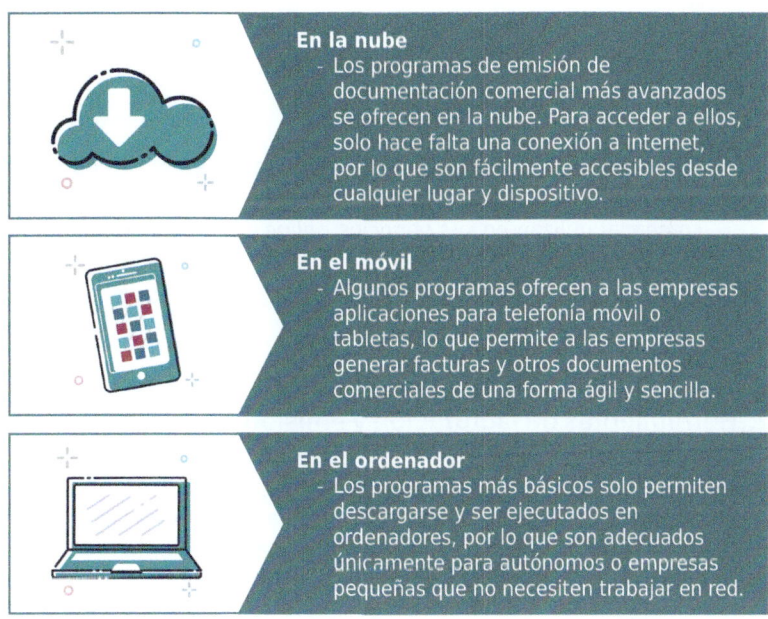

En la nube
- Los programas de emisión de documentación comercial más avanzados se ofrecen en la nube. Para acceder a ellos, solo hace falta una conexión a internet, por lo que son fácilmente accesibles desde cualquier lugar y dispositivo.

En el móvil
- Algunos programas ofrecen a las empresas aplicaciones para telefonía móvil o tabletas, lo que permite a las empresas generar facturas y otros documentos comerciales de una forma ágil y sencilla.

En el ordenador
- Los programas más básicos solo permiten descargarse y ser ejecutados en ordenadores, por lo que son adecuados únicamente para autónomos o empresas pequeñas que no necesiten trabajar en red.

APLICACIÓN PRÁCTICA

Jesús es el propietario de una pequeña fábrica de ropa para deportes de invierno, con varios comerciales realizando visitas a tiendas deportivas de su región. Utiliza un programa de gestión de facturas y documentación comercial en la nube. ¿Es el tipo de programa más adecuado para su negocio?

Continúa en página siguiente >>

<< Viene de página anterior

Solución

Al tener varios equipos comerciales realizando visitas a tiendas de su región, lo ideal es que la empresa utilice un programa de gestión en la nube para que todos los equipos comerciales puedan gestionar la documentación en cualquier lugar y desde cualquier dispositivo. Por tanto sí, el programa es adecuado.

 ACTIVIDAD COMPLEMENTARIA

7. Pregunta a varios comerciantes o pequeños empresarios que conozcas qué tipo de programas de gestión de la facturación y de la documentación comercial utilizan en sus negocios *online*. ¿Qué tipo de programas son los más utilizados?

2.2. Herramientas de facturación y emisión de documentación comercial para empresas

En el mercado existen diversos programas que permiten a las empresas gestionar con mayor soltura sus facturas y la documentación comercial que generan en su día a día. A continuación, explicamos en qué consisten los principales:

⮞ *InaCátalog:* herramienta de gestión de documentación comercial que permite organizar la información más importante para una empresa. Permite organizar un catálogo de productos con fichas de cada uno, incluso archivos multimedia. También puede gestionar y administrar la documentación relativa a las ventas. Permite su uso tanto *online* como *offline*.

⮞ **Factusol:** programa de facturación y gestión documental gratuito. Permite controlar el *stock*, hacer inventarios, monitorizar las compras y ventas, gestionar el ciclo de compras, generar ficheros de proveedores, gestionar los cobros y pagos, generar informes estadísticos, etc.

- **SumUp:** permite crear facturas, controlar la contabilidad empresarial y conseguir una correcta conciliación bancaria. Puede integrarse con *smartphones* y otros dispositivos móviles.

- **Anfix:** permite gestionar integralmente la documentación comercial y la facturación de una empresa, ofreciendo incluso informes de balances de gastos e ingresos en tiempo real. Es accesible desde cualquier dispositivo.

- **Factura Directa:** pone a disposición de los usuarios diversos módulos de contabilidad, facturación e impuestos. Ofrece la opción de conciliación bancaria y emisión de recibos para agilizar el cobro de las facturas. Se trata de una aplicación disponible para *iOS* o *Android,* con almacenamiento directo en la nube para que se pueda acceder fácilmente a todos los datos.

⊃ **Billin:** es un programa gratuito que permite generar facturas rápidamente, incluyendo la opción de pagarlas vía *online*.

⊃ **Invoice Home:** se trata de un programa de facturación gratuito para empresas que facturen menos de 1.000 € mensuales, por lo que es apropiado para pequeños emprendedores y negocios que estén comenzando su andadura. Permite recibir pagos y puede integrarse con sistemas de pago como tarjetas de crédito o *PayPal*.

⊃ **Zfactura:** solución integral de facturación que permite realizar facturas o presupuestos. Incluye la opción de firmar las facturas digitalmente conforme a la ley. También se pueden emitir recibos bancarios o enviar correos electrónicos de modo masivo a una base de datos de clientes.

⊃ **Keyandcloud:** programa de facturación y gestión documental que incluye un módulo de contabilidad, integración bancaria, personalización de facturas o envío de recordatorios de pago a clientes. Además, permite automatizar diversos procesos de la gestión documental interesantes para un autónomo o una pequeña empresa.

⊃ **Idesoft:** *software* de facturación muy básico y con una interfaz sencilla, ideal para autónomos o pequeños negocios.

Por otra parte, en 2019 entró en vigor una nueva directiva de servicios de pago en la Unión Europea, la llamada **PSD2.** Esta normativa afecta a las pasarelas de pago de las tiendas *online* que operan en nuestro país.

Gracias a esta normativa ya no será necesario que para cobrar por una venta *online,* las empresas utilicen un TPV virtual o sistemas de pago de terceras empresas, como, por ejemplo, *PayPal.* Ahora los clientes pueden hacerlo a través de transferencias directas al comercio, sin ni siquiera conocer el número de cuenta bancaria del negocio.

¿Cómo? A través de nuevas pasarelas de pago instaladas en las tiendas *online,* lo que abre las puertas a proveedores externos que podrán ofrecer una mejor experiencia de pago y compra por internet tanto a las empresas como a los consumidores finales. Además, de cara al comercio electrónico, esta normativa universaliza los sistemas de pago seguro o pago en dos fases.

 **PARA SABER MÁS**

Puedes ver un tutorial sobre qué debe hacer un e-commerce para adaptarse a la nueva normativa PSD2, accediendo desde aquí:

https://redirectoronline.com/comt121po0408

TAREA 9

Eduardo es el propietario de una empresa de materiales de construcción que vende sus productos a través de medios interactivos y digitales. Se trata de una empresa grande, con más de 100 trabajadores y varios millones de euros de facturación anual.

En base a estos datos y a lo estudiado en la presente unidad, indica qué aplicación informática le recomendarías a Eduardo para gestionar la facturación y emisión de documentación comercial de su empresa.

- -

Antes de escoger un sistema informático para la facturación y emisión de documentación comercial, es preciso tener en cuenta una serie de factores que explicaremos a continuación.

Por ejemplo, es importante que ofrezca **atención técnica personalizada** de forma constante. La gestión de la facturación y de la documentación comercial es algo sumamente importante para las empresas, y es preciso contar con un **soporte técnico profesional** por si surge algún inconveniente.

El sistema elegido debe facilitar procesos como la **gestión y presentación de impuestos, control de los ingresos y gastos, personalización de facturas,** etc. Además, su **interfaz** debe ser **rápida y sencilla,** permitiendo que cualquier persona pueda aprender a manejarlo en muy poco tiempo.

Los programas de facturación y emisión de documentación comercial permiten a las empresas monitorizar eficazmente la evolución de su negocio y facilitan la toma de decisiones estratégicas.

 **PARA SABER MÁS**

Puedes ver un vídeo en el que se explica qué es la gestión documental en entornos digitales, accediendo desde aquí:

https://redirectoronline.com/comt121po0409

 TAREA 10

Guillermo es el propietario de una empresa que fabrica botellas y otros recipientes metálicos a pequeña escala. Los miembros de su departamento de contabilidad no utilizan ningún sistema de facturación y emisión de documentación comercial, y tienen todos los documentos en papel, clasificados en carpetas.

¿Cómo podría mejorar su rendimiento la empresa de Guillermo mediante la utilización de un sistema informático de facturación y emisión de documentación comercial?

---

3. Resumen

Las pequeñas y medianas empresas que quieran gestionar adecuadamente la facturación y la emisión de documentación comercial de su negocio deberían utilizar diversas herramientas informáticas si no quieren perder el control de algunos documentos que pueden ser importantes para su negocio.

De esta forma, las empresas pueden optar por soluciones informáticas en la nube, aplicaciones para telefonía móvil o programas para utilizar en el ordenador. Un programa completo debería permitir emitir facturas, presupuestos, hacer un seguimiento de los ingresos y gastos de la empresa, gestionar los impuestos, personalizar las facturas y los presupuestos, realizar pagos y emitir recibos.

Estos son los principales programas informáticos que las empresas tienen a su disposición actualmente para gestionar adecuadamente sus facturas y la emisión de documentación comercial de sus negocios:

Ejercicios de autoevaluación
Unidad de Aprendizaje 5

1. ¿Qué es un programa de facturación?

a. Un *software* informático que permite gestionar y controlar el envío y la recepción de facturas de los productos vendidos entre empresas y clientes.

b. Un *software* informático que no permite gestionar y controlar el envío y la recepción de facturas de los productos vendidos o los servicios realizados entre empresas y clientes.

c. Un *software* informático que permite gestionar y controlar el envío y la recepción de facturas de los productos vendidos o los servicios realizados entre empresas y clientes.

d. Un *software* informático que permite controlar la recepción de facturas de los productos vendidos o los servicios realizados entre empresas y clientes.

2. ¿A qué hace referencia la emisión de documentos de una empresa?

a. A toda la información y documentación que genere una empresa, desde las compras y ventas hasta la documentación societaria.

b. A la información y documentación que genere una empresa relativa a las compras y ventas de la misma.

c. A la documentación que genere una empresa sobre aspectos legales, como los Impuestos o la documentación societaria.

d. A la documentación que gestione el departamento de contabilidad de la empresa.

3. ¿Qué es PSD2?

a. Una directiva de la UE sobre los servicios de pago electrónico.

b. Un sistema de reconocimiento óptico de caracteres.

c. Una aplicación informática de gestión de las relaciones con los clientes.

d. Una pasarela de pago.

4. Determina si la siguiente oración es verdadera o falsa: "Un sistema OCR permite a las empresas escanear documentos fácilmente".

- Verdadero
- Falso

5. ¿Por qué decimos que en los programas de facturación es esencial conseguir una buena categorización contable de los gastos e ingresos?

a. Porque esto permitirá elaborar automáticamente informes de resultados como el balance de situación o la cuenta de pérdidas y ganancias de la empresa.
b. La afirmación es falsa, ya que no es importante conseguir dicha categorización.
c. Porque esto permitirá elaborar manualmente informes de resultados como el balance de situación o la cuenta de pérdidas y ganancias de la empresa.
d. Porque esto permitirá gestionar adecuadamente la facturación de la empresa.

6. Dependiendo del soporte que utilicen para funcionar, ¿qué tipos de programas de facturación existen?

a. En la nube, en el móvil o en el ordenador.
b. En la nube, en el móvil o en el ordenador portátil.
c. En la nube o en el móvil.
d. En la nube, en la *tablet* y en el ordenador.

7. ¿Qué es *InaCátalog*?

a. Un *software* de gestión financiera.
b. Un programa informático de facturación y emisión de documentación comercial para empresas.
c. Un *software* de gestión empresarial para medianas empresas.
d. Un programa informático de facturación para empresas.

8. Determina si la siguiente oración es verdadera o falsa: "A la hora de elegir un programa de facturación y emisión de documentación comercial, es importante que ofrezca atención técnica personalizada de forma constante".

   ■ Verdadero
   ■ Falso

9. ¿Por qué decimos que la interfaz de un programa de facturación y emisión de documentación comercial debe ser sencilla?

   a. Porque así cualquier persona puede aprender a manejarlo en muy poco tiempo.
   b. Porque de esta manera se pueden prevenir mejor ataques a la contabilidad de la empresa.
   c. Porque este tipo de programas únicamente deben gestionarlos personal cualificado de las empresas.
   d. Para que cualquier persona con conocimientos informáticos y financieros pueda aprender a manejarlo.

10. ¿Qué es una nota de pedido?

    a. Un tipo de documento comercial.
    b. Un tipo de documento financiero.
    c. Un tipo de documento fiscal.
    d. Un tipo de documento de tesorería.

Sistema de información

Contenido

Objetivos

El objetivo general de esta Unidad de Aprendizaje es:

→ Conocer los principales sistemas de información que pueden utilizarse en la venta de productos a través de medios interactivos o digitales y cuáles son sus características principales.

Los objetivos específicos de esta Unidad de Aprendizaje son:

→ Determinar los sistemas de información más apropiados para ser utilizados por una empresa de tamaño medio.

→ Identificar las principales normas de seguridad de la información que debe respetar una empresa.

1. Introducción

Las empresas que centran su actividad en la venta de productos o servicios a través de medios interactivos o digitales tienen a su disposición diversos canales de información para comunicarse adecuadamente con sus clientes.

En la actualidad están ganando mucho protagonismo los sistemas de voz y las respuestas interactivas, tanto a través de voz como de servicios web. Los sistemas de información que más se usan, no obstante, siguen siendo el correo electrónico, el teléfono y la mensajería instantánea, aunque todavía hay empresas que utilizan el fax.

Seguir unas pautas y normas de seguridad básicas es esencial para que las comunicaciones que se lleven a cabo con los clientes mediante cada sistema de información estén siempre a salvo de ataques o pérdida de información.

En esta unidad explicaremos fundamentos básicos sobre los sistemas de información que pueden utilizar las empresas y conoceremos las principales pautas de seguridad para que la información esté siempre a salvo. Nos basaremos, para ello, en el caso de Teresa's Shoes, una pequeña tienda de zapatos que está comenzando a vender sus productos a través de medios interactivos o digitales y quiere explorar nuevas vías de comunicación con sus clientes.

2. Funcionalidades de la plataforma de comercio electrónico para operaciones entrantes (voz, respuesta interactiva a través de voz, correo electrónico, fax, correo, chat *online*, mensajería)

☞ **HILO CONDUCTOR**

Teresa quiere comenzar a comunicarse mejor con los clientes de su incipiente negocio *online*. Para ello, ha decidido estudiar las diversas funcionalidades de comunicación que le ofrece la plataforma de comercio electrónico que utiliza para su *e-commerce*.

A la hora de escoger una u otra plataforma de comercio electrónico, las empresas deben examinar qué tipo de funcionalidades les ofrece de cara a la interacción con los clientes, algo fundamental en la actualidad.

De esta manera, lo ideal es que la plataforma utilizada permita a la empresa ofrecer atención al cliente vía sistemas de voz, respuestas interactivas a través de voz, envío masivo de *e-mails* y personalización de los mismos, chat *online,* y servicios de mensajería instantánea.

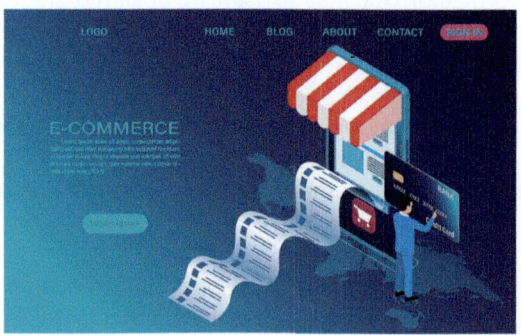

Las plataformas de comercio electrónico que utilicen las empresas deben ser lo más completas y flexibles posible.

2.1. Voz

Tras la explosión del comercio *online* y mediante la telefonía móvil, la tecnología que revolucionará en los próximos años el comercio internacional serán los asistentes de voz. De hecho, asistentes de voz como *Alexa (Amazon), Siri (Apple)* o el asistente de Google ya lo están consiguiendo.

Las empresas que se dediquen a la venta de productos a través de medios interactivos o digitales tendrán en los asistentes de voz un gran aliado para aumentar sus beneficios. Esta tecnología creará nuevas necesidades en los consumidores, que podrán ser satisfechas a través de herramientas sencillas e incluso divertidas. Esto ayudará a las empresas a fidelizar a sus clientes.

 SABÍAS QUE...

Según un estudio de la empresa *Mordor Intelligence,* el comercio por voz podría mover un volumen de negocio de 40.000 millones de dólares en todo el mundo en 2028.

Las grandes empresas del comercio internacional ya están incorporando los asistentes de voz en sus estrategias de *marketing*. Es una gran solución para fortalecer los vínculos entre clientes y empresas. A través de los asistentes de voz, los consumidores ya no deberán visitar la web de las empresas para realizar compras, sino que pueden hacerlo a través de una sencilla petición oral.

De hecho, los comandos de voz que los consumidores ya utilizan en *Alexa* o *Siri* abren las puertas a diversas oportunidades de negocio para la venta a través de medios interactivos o digitales. A través de estos sistemas, se puede simplificar al máximo un proceso de compra. Por ejemplo, la función de compra por voz que utiliza *Amazon* reduce las opciones de compra a una o dos opciones, reduciendo además los pasos de compra, porque el sistema ya integra los datos de pago y la dirección de envío de los clientes.

ACTIVIDAD COMPLEMENTARIA

8. Investiga acerca de las principales aplicaciones que tienen los sistemas de voz para el comercio electrónico en España. ¿Crees que las pequeñas empresas españolas están sacándole el máximo potencial a este tipo de sistemas? Para saberlo, puedes hacer una búsqueda en internet o incluso preguntar a los comerciantes y empresarios de tu barrio.

2.2. Respuesta interactiva a través de voz

Otra de las funcionalidades que debe tener una plataforma de comercio electrónico es poder sincronizarse con sistemas de respuesta interactiva a través de voz, también llamados IVR. Estos sistemas se integran en la línea de atención telefónica de la empresa en cuestión, y se pueden sincronizar con bases de datos e incluso con el proceso de compra a través de una página web.

En estos sistemas se les da a los usuarios que llaman por teléfono la opción de seleccionar diversas alternativas, pulsando las teclas de su teléfono o de viva voz. Las respuestas que dó el usuario generan diversas acciones por parte del IVR: comprar un producto, consultar o modificar un pedido, hablar con un operador humano, etc.

Los sistemas IVR están diseñados para gestionar altos volúmenes de llamadas. A través de un sistema de estas características, las empresas pueden reducir los costes de personal (no sería necesario tener un gran *call center* con decenas de operadores para atender las llamadas telefónicas) y mejorar la experiencia de los clientes gracias a la reducción de los tiempos de espera para ser atendido telefónicamente y a que estos sistemas están disponibles permanentemente.

 EJEMPLO

Un gran ejemplo de IVR son los sistemas de atención telefónica utilizados por las principales entidades financieras.

- -

2.3. Correo electrónico

Otra funcionalidad imprescindible que debe ofrecer una plataforma de comercio electrónico es la posibilidad de enviar correos electrónicos a los clientes. De hecho, el envío de correos electrónicos es la forma de comunicación preferida por los clientes de las empresas. Se calcula que el 72 % de los consumidores prefieren el *e-mail* como vía de comunicación con las empresas, por delante incluso de las redes sociales.

A la hora de trazar una estrategia de *marketing* por correo electrónico, las empresas deben fijarse una serie de objetivos básicos. Estos son algunos de los principales:

Captar más clientes | Aumentar las ventas | Tener más reseñas y opiniones positivas en buscadores y redes sociales

Continúa en página siguiente >>

<< Viene de página anterior

De cara a trazar una campaña de *e-mail marketing* para un comercio electrónico, es preciso que las empresas sigan una serie de consejos y pautas que desgranaremos a continuación:

- **Dedica tiempo al contenido y al diseño:** es preciso trabajar a fondo el diseño y el contenido del *e-mail.* Un asunto poco atractivo no llamará la atención de los clientes y, muy probablemente, no abrirán el *e-mail.* Y un diseño pobre reduce las opciones de que los clientes realicen la interacción esperada por la empresa: comprar algo, enviar un formulario, etc. Para que el contenido sea atractivo, debería personalizarse *el e-mail* (incluyendo, por ejemplo, el nombre del destinatario en el texto) y debe ser acorde a las expectativas del cliente, sin bombardearle con *spam* innecesario.
- **Diferencia entre *e-mail marketing, e-mail* automatizado y *e-mail* transaccional:** el *e-mail marketing* es el que se envía para vender un producto o un servicio, debe ser diverso y creativo. El *e-mail* transaccional se envía cuando los clientes han realizado alguna acción, como, por ejemplo, cuando se realiza una compra o se reestablece la contraseña de acceso. Y los *e-mails* automatizados se envían tras producirse hechos destacados: darse de alta o de baja en una tienda *online,* encuestas de satisfacción unos días después de realizar una compra, cuando llega el cumpleaños del cliente, etc.
- **Evita errores fácilmente subsanables:** antes de lanzar una campaña de *e-mail* es recomendable enviar un correo de prueba a la propia empresa, para comprobar que todo está en orden.
- **Incentiva la suscripción de tus clientes:** antes de lanzar una campaña de *e-mails* sobre una base de datos de clientes, es preciso asegurarse de que estos se han suscrito a la plataforma para recibirlos. Para incentivar la suscripción a la lista de *e-mail marketing* de la empresa, se pueden ofrecer descuentos o productos o servicios exclusivos para suscriptores.
- **Analiza tus campañas de *e-mail:*** es necesario monitorizar el resultado de las campañas de *e-mail* que se envíen para corregir errores o poten-

ciar aciertos. La mayor parte de las herramientas de *e-mail marketing* disponibles en las principales plataformas de comercio electrónico ofrecen un servicio de estadísticas suficiente: número de *e-mails* abiertos, porcentaje de usuarios que han hecho clic en las llamadas a la acción, número de usuarios que se han dado de baja, etc.

 DEFINICIÓN

Suscriptor
En términos de *marketing online,* usuario o usuaria que se suscribe a una página web con el objetivo de recibir sus noticias o novedades por diversos canales de comunicación, principalmente el correo electrónico.

2.4. Chat *online*

Otra funcionalidad interesante que tendría que haber en cualquier plataforma de comercio electrónico es la posibilidad de incluir un chat *online* en la página web de la empresa. Esto consigue disminuir la desconfianza de los clientes y disipar las dudas que puedan surgir durante un proceso de compra *online*. Los chats *online* se pueden combinar con *chatbots* o asistentes virtuales.

La inclusión de un chat *online* en la web de ventas de una empresa es beneficiosa para el usuario, ya que de esta forma se rompe la barrera de las compras *online* sin poder interactuar con la empresa. Si se consigue que un agente comercial acompañe al cliente durante todo el proceso de compra, se puede conseguir que la tasa de abandono de un carrito se reduzca considerablemente.

 CONSEJO

Las empresas que opten por utilizar esta funcionalidad pueden programarla para que, por ejemplo, la ventana de chat salte cuando el usuario permanezca durante más de 20 segundos sin realizar ninguna acción durante el proceso de compra.

2.5. Mensajería instantánea

El envío de mensajes a los clientes a través de sistemas de mensajería instantánea integrados en la página web o una aplicación de telefonía móvil es otra herramienta que ayuda a generar confianza entre los usuarios y las marcas.

Existen cinco beneficios principales derivados del uso de esta funcionalidad:

- **El usuario permanece en la aplicación:** un sistema de mensajería instantánea integrado en una aplicación móvil o en la página web de la empresa evita que los usuarios "salgan" de estos sistemas y que las empresas tengan que utilizar plataformas externas como, por ejemplo, *WhatsApp.*
- **Comunicación e interacción sin barreras:** este tipo de sistemas no obliga a los usuarios a instalarse otras aplicaciones para hablar con la empresa, por lo que no hay barreras para que los clientes interactúen con la empresa.
- **No es necesario guardar los datos de contacto:** los clientes no tienen que guardar los datos de contacto de la empresa en su teléfono móvil o gestor de correos electrónicos, por lo que no se perderá tiempo en este tipo de acciones.
- **Ofrecen un servicio profesional y seguro:** los sistemas de mensajería instantánea integrados en una web o aplicación de telefonía móvil son percibidos, por parte de los clientes, como servicios de atención al cliente más profesionales y seguros.
- **Potencian la inmediatez, la cercanía y la privacidad:** generar confianza es imprescindible en el mundo de los negocios interactivos o digitales. Instalando este tipo de sistemas se transmite cercanía, inmediatez y privacidad. Es decir, se genera confianza. Además, el uso de emoticonos o expresiones coloquiales, si es preciso, potencia también la sensación de que los usuarios no están hablando con una máquina, sino con otras personas.

2.6. SMS

Otra funcionalidad muy importante para cualquier plataforma de comercio electrónico es la posibilidad de enviar mensajes de texto a los teléfonos móviles de los clientes. Diversos estudios indican que al menos un 45 % de los usuarios han efectuado alguna compra tras recibir un SMS por parte de alguna marca, por lo que se trata de una buena estrategia para conseguir maximizar las ventas de un *e-commerce.*

Es importante que la plataforma utilizada permita enviar masivamente SMS a los clientes, que se pueda configurar para enviar promociones y ofertas y que permita también enviar notificaciones y alertas a los clientes. El envío automatizado de este tipo de comunicaciones con los clientes permitirá a la empresa ahorrar tiempo, dinero y maximizar los resultados de su estrategia de fidelización de clientes.

 NOTA

Otro sistema de información que solía utilizarse en la venta de productos interactivos era el fax. Hasta comienzos del siglo XXI solía utilizarse para realizar pedidos o emitir notas de venta, facturas, etc. Actualmente, está en franco desuso, utilizándose de modo muy residual. Sí sigue usándose, no obstante, para realizar requerimientos legales, tales como reclamaciones o denuncias, en su modalidad de burofax.

 TAREA 11

Eduardo es el propietario de una tienda *online* de material deportivo. Tiene miles de pedidos mensuales de clientes repartidos por toda la geografía española. ¿Qué sistemas de información son los más apropiados para su empresa?

----

3. Consultar, extraer y registrar funcionalidades

☞ HILO CONDUCTOR

Teresa ha decidido investigar un poco más sobre las funcionalidades que debería pedirle a su plataforma de comercio electrónico. ¿Será posible consultar, extraer y registrar funcionalidades para amoldarlas al máximo posible a sus necesidades?

La plataforma de comercio electrónico utilizada por una empresa que centre su estrategia de negocio en la venta de productos a través de medios interactivos o digitales debe ser fácilmente configurable y modificable. Así, las empresas deben poder consultar, extraer y registrar funcionalidades en este tipo de plataformas, con el objetivo de modificarlas y conseguir extraer el mayor rendimiento posible.

Existen algunas funcionalidades básicas que debe tener una plataforma de comercio electrónico:

- **Gestor de contenidos:** es preciso que la plataforma tenga instalado un gestor de contenidos, es decir, un sistema informático que permita a la empresa modificar el contenido de su página web dedicada a la venta *online.*
- **Diseño de la web:** es necesario que la plataforma permita a la empresa gestionar aspectos básicos de su página web, como la usabilidad, la arquitectura de la información, el diseño o su adaptabilidad a dispositivos móviles. Son factores que afectan a la experiencia del usuario y, por lo tanto, a las decisiones de compra.
- **Gestión de ofertas:** es importante que la plataforma permita crear promociones y ofertas de productos especiales.
- **Optimización del catálogo multimedia:** es esencial que la plataforma permita optimizar las imágenes, vídeos y descripciones de los productos que la empresa muestre en su tienda *online.*
- **Gestión de *e-mails* y SMS:** la plataforma debe permitir instalar softwares de envío y gestión de *e-mails* y SMS a los clientes.
- **Actualización de *stock:*** la correcta administración del *stock* de una empresa es vital para garantizar las ventas *online* de la misma. Tener una herramienta que minimice los errores en el cálculo del *stock* y no muestre en la web productos que, realmente, no se tienen, es muy importante.
- **Sincronización con los sistemas de atención y gestión del cliente:** es importante que la plataforma pueda sincronizarse con los sistemas de atención y gestión del cliente que utilice la empresa: ERP, CRM, etc.
- **Optimización del carrito de la compra:** el proceso de venta de un producto, también llamado carrito de la compra, debe poder modificarse para garantizar su usabilidad, transparencia, claridad, confianza y simplicidad.
- **Seguimiento de pedidos:** es importante que la plataforma implemente una solución de alto rendimiento que permita gestionar adecuadamente el sistema de gestión de pedidos de la empresa. Además, el cliente debe poder comprobar, en todo momento, en qué estado se encuentra su pedido (en preparación, en tránsito, etc.).
- **Pasarela de pago:** de cara a mejorar la confianza del consumidor *online,* es importante que el sistema de pago que se utilice esté integrado totalmente en la página web de la empresa. El sistema de pago debe

poder modificarse para hacerlo lo más cómodo, transparente, seguro e intuitivo posible.

- **Estadísticas:** la plataforma de comercio electrónico elegida también debe tener una herramienta de generación de informes estadísticos lo más potente posible. Su uso, no obstante, debe ser sencillo e intuitivo.

4. Normas de seguridad de la información

 HILO CONDUCTOR

Teresa tiene algunas dudas sobre la seguridad de los datos que tiene en su plataforma de comercio electrónico. ¿Cómo evitar fugas de información o ataques de piratas informáticos?

Las empresas que se dediquen a la venta de productos o servicios a través de medios interactivos o digitales han de tener en cuenta una serie de medidas de seguridad que garanticen la protección de la información personal y financiera de sus suscriptores y clientes. A continuación, explicaremos algunos consejos básicos de seguridad de la información:

- **Escoger una plataforma de *e-commerce* segura:** el panel de control de la plataforma de comercio electrónico utilizada debe ser inaccesible para los piratas informáticos. Lo ideal es que, además, solo sea accesible desde la red interna de la empresa.
- **Las conexiones para las compras *online* deben ser seguras:** lo más aconsejable es usar protocolos de seguridad como *Secure Sockets Layer (SSL)* para la autenticación de los usuarios en la web y garantizar la protección de sus datos al máximo posible. Esto protege la empresa y a los clientes, evitando que los piratas informáticos puedan acceder, por ejemplo, a los datos financieros y otro tipo de información relevante de los clientes de una empresa.
- **No guardar datos sensibles:** la empresa no debe guardar números de tarjetas bancarias, fechas de caducidad o códigos de seguridad de las mismas. Es recomendable limpiar los registros antiguos de las bases de datos, manteniendo la menor información posible.
- **Utilizar un sistema de verificación de direcciones:** es recomendable utilizar algún sistema de verificación de direcciones físicas de los clientes y también de los datos bancarios. Así se pueden evitar los fraudes *online*.

- **Exigir contraseñas seguras:** la plataforma de comercio electrónico que se utilice debe poder configurarse para que exija contraseñas seguras a los usuarios en el momento en que estos se registren en la web.
- **Encriptación de la información:** es preciso que la tienda *online* esté alojada en un servidor web seguro, en el que toda la información confidencial pueda encriptarse y viajar de manera segura.

APLICACIÓN PRÁCTICA

Jaime es el propietario de una empresa de venta de camisetas *online*. Para finalizar el proceso de compra, el cliente debe introducir sus datos bancarios, que quedan registrados temporalmente en la base de datos de la plataforma de venta que utiliza Jaime. ¿Está Jaime siguiendo bien las normas básicas de seguridad de la información?

Solución

Al almacenar los datos bancarios de sus clientes, Jaime está poniendo en riesgo la seguridad de sus datos, ya que podrían ser robados por parte de piratas informáticos y utilizarse para cometer algún tipo de fraude *online*. Por tanto, Jaime no debería almacenar datos bancarios de sus clientes.

TAREA 12

Susana es la responsable de ventas de una empresa que vende artículos de cosmética vegana a través de internet. Su empresa, con base en Sevilla, vende productos en toda Europa. ¿Qué normas de seguridad de la información debería respetar?

----

5. Prototipado

☞ HILO CONDUCTOR

Hablando con los técnicos de la empresa que ha desarrollado la tienda *online* de Teresa's Shoes, a Teresa le han dicho que lo ideal, antes de iniciar nuevos desarrollos en su *e-commerce*, es realizar varios prototipos. ¿Qué habrán querido decir los técnicos?

En términos de desarrollo de sistemas de información, entendemos por prototipo la elaboración de un modelo de desarrollo del sistema de información que se quiera desarrollar, que muestre su evolución. Los prototipos suelen construirse sin usar muchos recursos técnicos o humanos.

El principal objetivo de desarrollar un prototipo es conseguir que el sistema de información se ajuste al máximo posible para satisfacer las necesidades de la empresa que lo vaya a utilizar. El prototipado es muy importante en el desarrollo técnico del sistema de información cuando los clientes conocen los objetivos generales del mismo pero no tienen claros algunos aspectos, como los requisitos de entrada, procesamiento o salida de los datos.

Antes de desarrollar cualquier sistema, es recomendable realizar un prototipado básico que puede partir de dibujar el sistema en papel.

Realizar un prototipo es una buena opción si se quieren hacer cambios importantes en la arquitectura de la información, mover elementos, rediseñar o borrar funcionalidades que no vayan a ser utilizadas. Es más sencillo efectuar estos cambios sobre un prototipo que sobre el desarrollo propio del sistema de información. Además, también se ahorrará tiempo y dinero, ya que el producto que se desarrolle finalmente se hará con los cambios ya introducidos.

Lo ideal, no obstante, es que las empresas no desarrollen prototipos antes de tener claro qué pantallas quieren hacer en el sistema de información y cómo será el flujo de navegación. Lo adecuado es plantear un esquema con diversas pantallas, pensando cuáles deben ser las más importantes.

 ## CONSEJO

En ocasiones, lo más adecuado para desarrollar un sistema de información o una plataforma de comercio electrónico es, simplemente, observar a la competencia. Si a esta le funciona bien su tienda *online*, ¿por qué no basarse en ella para diseñar la nuestra?

Hay muchos pasos que una empresa debe dar antes de lanzarse a diseñar un prototipo. Es necesario definir objetivos a corto y largo plazo, planificar algunos escenarios que puedan darse y plasmarlos sobre el papel. Por ejemplo, es necesario elegir antes el esquema de navegación que el tamaño de la fuente, el color o el fondo.

Además, antes de dar por acabado un prototipo, es necesario probarlo en todos los dispositivos posibles, para comprobar que se puede usar bien en todo tipo de pantallas, incluidas por supuesto teléfonos móviles, tabletas, ordenadores portátiles, etc. Y, por supuesto, para comprobar que todo funciona correctamente.

 ## VÍDEO

Puedes ver el siguiente vídeo en el que se explica en qué consiste el prototipado de una aplicación web, accediendo desde aquí:

Continúa en página siguiente >>

<< Viene de página anterior

https://redirectoronline.com/comt045po0601

---

6. Resumen

La plataforma de comercio electrónico utilizada por una empresa debe ofrecerle, si se le quiere sacar el máximo rendimiento posible, atención al cliente a través de sistemas de voz, respuestas interactivas a través de voz, envío masivo de *e-mails* y personalización de los mismos, chat *online,* y servicios de mensajería instantánea. Todas estas opciones son muy importantes para conseguir aumentar la base de clientes y fidelizar a los ya existentes.

Además, las plataformas de venta de productos a través de internet deben tener una serie de funcionalidades que las empresas deben poder modificar según sus necesidades. Estas son las principales:

Gestor de contenidos — Diseño de la web — Gestión de ofertas

Continúa en página siguiente >>

<< Viene de página anterior

Optimización del catálogo multimedia	Gestión de *e-mails* y SMS	Actualización de *stock*
Sincronización con los sistemas de atención y gestión del cliente	Optimización del carrito de la compra	Seguimiento de pedidos
Pasarela de pago	Estadísticas	

Además, las empresas deben seguir una serie de normas básicas para garantizar la seguridad de los datos y de las transacciones económicas que realizan los clientes en sus plataformas de venta de productos y servicios. Estas son las principales:

Finalmente, a la hora de desarrollar adecuadamente un sistema de información y una plataforma web de venta de productos y servicios, es recomendable realizar previamente un prototipado de la misma. El objetivo de esto es conseguir que el sistema se ajuste al máximo posible para satisfacer las necesidades de la empresa que lo vaya a utilizar.

Ejercicios de autoevaluación
Unidad de Aprendizaje 6

1. ¿Es importante que una plataforma de comercio electrónico garantice la interacción con los clientes?

    a. No, lo que deben garantizar es la seguridad de la información.
    b. Sí, pero solo en aquellos casos en los que se vendan infoproductos.
    c. Sí, es algo fundamental en la actualidad.
    d. No, la interacción con los clientes es imposible a través de una plataforma de comercio electrónico.

2. ¿Qué es *Alexa*?

    a. El asistente de voz de *Amazon*.
    b. El asistente de voz de *Google*.
    c. El asistente de voz de *Apple*.
    d. El asistente de voz de *Android*.

3. ¿Para qué pueden utilizar las empresas, fundamentalmente, los asistentes de voz?

    a. Para fortalecer los vínculos entre clientes y empresas.
    b. Para realizar tareas de *marketing*, ventas o finanzas.
    c. Para aumentar las ventas *online*.
    d. Para mejorar la imagen de la marca.

4. ¿Qué es un IVR?

    a. Un programa de emisión de facturas.
    b. Un sistema de respuesta interactiva a través de voz.
    c. Un asistente de voz implementado en *PrestaShop*.
    d. Un sistema de respuesta interactiva a través de mensajería instantánea.

5. Determina si la siguiente oración es verdadera o falsa: "A través de un IVR se puede comprar un producto".

- ■ Falso
- ■ Verdadero

6. ¿Cuál es la forma de comunicación preferida por los clientes de las empresas?

    a. Las redes sociales.
    b. El correo electrónico.
    c. Los SMS.
    d. Los *chatbots*.

7. ¿Qué puede conseguirse disminuir a través de un chat *online* implementado en una página web?

    a. La confianza de los clientes.
    b. Las ventas de la empresa.
    c. Las posibilidades de fraude *online*.
    d. La desconfianza de los clientes.

8. De entre las siguientes opciones, indica cuál no es una norma de seguridad de la información.

    a. Escoger una plataforma de *e-commerce* segura.
    b. Guardar datos sensibles.
    c. Exigir contraseñas seguras.
    d. Encriptación de la información.

9. ¿Cuál es el principal objetivo de desarrollar un prototipo?

    a. Conseguir que el sistema de información se ajuste al máximo posible para satisfacer las necesidades de la empresa que lo vaya a utilizar.
    b. Conseguir que el sistema de información se ajuste totalmente a las necesidades de los clientes de una empresa.
    c. Aumentar las ventas de la empresa que vaya a utilizarlo.
    d. Conseguir que el sistema de envío de SMS que utilice la empresa se ajuste totalmente a sus necesidades.

10. ¿Cuándo es una buena idea realizar un prototipo?

   a. Cuando se quieren hacer cambios importantes en la arquitectura de la información, mover elementos, rediseñar o borrar funcionalidades que no vayan a ser utilizadas.
   b. Cuando se quieren hacer cambios importantes en una página web.
   c. Cuando se quieren hacer cambios en el sistema de pago y la arquitectura de la información de una plataforma de venta de productos a través de medios digitales o interactivos.
   d. Cuando se quieren hacer cambios importantes en la arquitectura de la información, mover elementos y rediseñar funcionalidades que no vayan a ser utilizadas.

Glosario

Blog

Sitio web similar a una página web, pero de contenido más personal, divulgativo o desenfadado. Las empresas pueden utilizar una web o un blog corporativo para difundir sus novedades, productos o servicios.

Buscador

Es una página web en la que el usuario puede buscar páginas web sobre un contenido de su interés. Para realizar la consulta, se basa en las palabras clave o términos introducidos para la búsqueda.

CMS

Aplicación informática a través de la cual se pueden administrar los contenidos de un sitio web: hacer el diseño, la estructura, crear los contenidos... y editarlos con posterioridad.

Contact center

Herramienta informática que permite emitir y recibir llamadas telefónicas, correos electrónicos, faxes e incluso mensajes en redes sociales.

Cookie

Información enviada por un sitio web que se almacena en el navegador del usuario. Sirve, entre otros asuntos, para almacenar las contraseñas de sitios web o para recopilar información sobre el historial de navegación del usuario.

CRM

Siglas del término anglosajón *customer relationship management.* Se trata de un programa de gestión informática en el que las empresas vuelcan todos los datos de sus clientes: compras realizadas, incidencias técnicas, peticiones del cliente, presupuestos entregados, etc. De esta manera, la información de todos los clientes está a disposición de los empleados de la empresa que tengan acceso a la misma, especialmente de los encargados de la atención al cliente.

E-commerce

Es una forma de comprar y/o vender productos, bienes o servicios haciendo uso de internet como canal de compraventa.

E-mail marketing

Grupo de estrategias que tienen el objetivo principal de contactar con clientes, promocionar e informar de los productos y servicios de una empresa o entidad mediante el correo electrónico.

ERP

Software de gestión empresarial que, aplicado al comercio electrónico, permite descargar los datos de los pedidos realizados por los clientes, los datos personales de los clientes e incluso los productos en *stock* que tiene la empresa, etc. Se trata de un *software* que permite integrar y fusionar diferentes ámbitos empresariales llevando a cabo una gestión completa de todos los departamentos de la empresa desde el mismo *software.*

Infoproducto

Producto o servicio que se vende exclusivamente en formato digital, es decir, son archivos, aplicaciones o programas informáticos que se descargan en un dispositivo —ordenador, *tablet,* móvil, etc.— y que solo pueden disfrutarse en el entorno digital.

Lead

Se trata de datos que dejan los usuarios en una página web, normalmente una serie de datos personales (correo electrónico, nombre, ciudad...), al rellenar un formulario de contacto.

Marketing online

Conjunto de técnicas y estrategias de *marketing* que se llevan a cabo en el medio *online* y mediante técnicas de comunicación 2.0.

Marketing

Acción promocional enfocada a potenciar el intercambio de bienes y servicios entre un mínimo de dos personas, consiguiéndose así un beneficio mutuo para ambas partes.

Marketplace

Plataforma de distribución de productos y/o servicios a través de internet, ofrecidos por los diferentes *e-commerces* que participan en la misma. Es como un gran centro comercial, con múltiples tiendas en su interior... pero en versión *online.* El mayor *marketplace* del mundo es *Amazon.*

Posicionamiento SEM
Estrategia de *marketing* digital enfocada a mejorar la posición de un sitio web en las plataformas publicitarias de los motores de búsqueda y las redes sociales. Funciona como una suerte de puja: cuanto más paga una empresa por aparecer en la primera posición con unas palabras clave determinadas, más posibilidades tiene de conseguirlo.

Posicionamiento SEO
Estrategia de *marketing* digital enfocada a mejorar la posición de un sitio web en los motores de búsqueda sin invertir dinero en publicidad. Está basado en la indexación del contenido de los sitios web que realizan los motores de búsqueda mediante sus robots de búsqueda y análisis de webs, también denominados 'arañas'.

Programa de facturación
Es, básicamente, un *software* informático que permite gestionar y controlar el envío y la recepción de facturas de los productos vendidos o los servicios realizados entre empresas y clientes.

Prototipo
En términos de desarrollo de sistemas de información, se entiende por prototipo la elaboración de un modelo de desarrollo del sistema de información que muestre su evolución. El prototipo puede construirse sin utilizar muchos recursos, técnicos ni humanos.

Público objetivo
Es el grupo de personas o nicho de mercado que podría ser receptivo a un producto o negocio determinado.

Suscriptor
En términos de *marketing online,* usuario o usuaria que se suscribe a una página web con el objetivo de recibir sus noticias o novedades por diversos canales de comunicación, principalmente el correo electrónico.

Tecnologías de la información
Se trata del conjunto de aplicaciones que, utilizadas en ordenadores o equipos de telecomunicaciones, se encargan de almacenar, recuperar, transmitir y manipular datos.

Teneduría de libros
Seguimiento, de manera continuada, y organización de las operaciones económicas que realice una empresa.

Tienda virtual
Comercio que usa como método habitual para sus operaciones de venta un sitio web o una aplicación informática vinculada a internet.

Tráfico cualificado
Aquellos usuarios que están realmente interesados en un producto o servicio, bien sea porque su historial de búsqueda así lo demuestra o porque han hecho clic por sí mismos en un anuncio visto en internet.

Tráfico web
Son las visitas que obtiene una página web. Se puede diferenciar entre número de visitas, de visitantes únicos y de páginas vistas.

Web corporativa
Herramienta que sirve a las empresas para promocionar su imagen de marca en el mercado a través de internet.

Web *responsive*
Una página web *responsive* es aquella en la cual el diseño es capaz de adaptarse y visualizarse de una manera correcta en cualquier tipo de pantalla independientemente de su tamaño: dispositivos móviles, ordenadores portátiles, ordenadores personales, pantallas de gran tamaño, etc.

Zona de usuario
Área privada de un sitio web a la que solo pueden tener acceso los usuarios registrados y que ofrece un valor añadido a los mismos.

Bibliografía

Textos electrónicos, bases de datos y programas informáticos

→ *Cómo llevar la contabilidad de tu negocio online,* de: <https://www.printful.com/blog/es/contabilidad-negocio-online/>.

> Completo artículo con consejos sobre cómo gestionar adecuadamente la contabilidad de una empresa que centre su actividad en el comercio electrónico.

→ *Guía de e-mail marketing para e-commerce,* de:
<https://es.mailjet.com/blog/news/email-marketing-ecommerce/>.

> Interesante guía para aprender a desarrollar estrategias de comercio electrónico a través de e-mail.

→ *Los aspectos legales del comercio electrónico,* de: <https://www.ingeniovirtual.com/los-aspectos-legales-del-comercio-electronico/>.

> Interesante guía sobre cómo vender en internet de manera segura y legal.